ミスをしない選手

鳥谷 敬
Toritani Takashi

PHP新書

まえがき

皆さんは日々、どのように「ミス」と向き合っていますか？

私はいわゆるサラリーマンを経験したことがありません。なので偉そうなことは言えませんが、ビジネスの世界では一つのミスが〝命取り〟になるという話をよく耳にします。だからこそ、会社や組織はミスをなくす対処法として、属人性を排したマニュアルを作ったりするのでしょう。

ただ、どの業界でもミスを完璧に消し去ることは極めて困難です。

一〇回に一回なのか、一〇〇回に一回なのか、一〇〇〇回に一回なのか。それぞれの仕事によってミスの確率は変わってくるでしょうが、いずれにせよ「私は一〇〇パーセント失敗しない」と言い切れる人はなかなかいないはずです。

では、マニュアルを徹底的に頭にたたき込めばミスをなくせるのかと聞かれたら、私は首を縦には振れません。マニュアルに合わせているだけでは結局、仕事の一つひとつにおいて自分の形を作れていないからです。

たとえば一言一句を覚えて会議のプレゼンテーションに臨んだとしても、何かの拍子に言葉が飛ぶと頭が真っ白になってしまう人がいます。これはプレゼンする内容を頭の中で整理して、自分の言葉で伝えられていないからでしょう。

ミスを減らすために会社や組織がマニュアルを作るのはある意味、仕方がありません。ただ、個々人は渡されたマニュアルを自分なりにかみ砕いて解釈して、自分の形を構築していく作業を忘れてはいけません。自分で考えて準備をして本番に臨むことで、人はミスの確率を減らしていけるのです。

とはいえ、それでもミスは出てしまうものです。そんな時は自分に問いかけてみてはどうでしょうか。

なぜミスをしたのか。原因をきちんと分析して課題に置き換えれば、この課題を消し去るための作業に入れます。そんなルーティンを繰り返していけば、さらにミスの確率を少なくすることができるはずです。

私が身を置いている野球界は一般的なビジネス業界と比べれば、圧倒的にミスに対する許容範囲が広い世界でもあります。たとえば打者であれば、どれだけ優れた打者でも打率三割がいいところ。つまり、残りの七割は失敗できるわけです。

ただ、ビジネスの世界で七割も失敗していたら、瞬《また》く間に立場を失ってしまうでしょう。

下手をしたら職を失ってしまうかもしれません。

一方で、野球界にもビジネスの世界と同じようにミスが許されない仕事があります。それは守備です。

野球界には守備機会という指標があります。刺殺、補殺、失策といったアウトに関与した守備機会のうち、失策しなかった割合を表す数字です。これは守備がうまい選手だと九割八分から九割九分ぐらいの数値をたたき出します。言い換えれば、一〇〇回のうち三、四回ミスをするだけで九割七分、九割六分となり、下手の部類に入ってしまうわけです。

そんな確率と戦う守備をテーマに「ミスをゼロに近づける方法」を紹介することで、ビジネスの世界で働く方々に少しでもヒントを与えられないだろうか。そんな観点から本書は動きだしました。

野球好きの方にも興味を持ってもらうために、ここで私の古巣でもある阪神タイガースの佐藤輝明選手のプレーを例に挙げさせてもらいましょうか。

佐藤選手は二〇二四年五月十四日の中日戦（豊橋）で痛恨のミスを犯し、翌十五日に二軍に降格しました。

一点リードで迎えた八回裏無死二塁、犠打を試みたゴロを捕手の坂本誠志郎選手が素早く三塁に送球。アウトにできるタイミングでしたが、三塁手の佐藤選手はタッチを焦って落球してしまいました。この失策からチームは逆転負け。岡田彰布《あきのぶ》監督が厳しく指摘したシーンは、阪神ファンなら記憶している方も多いかもしれません。

ただ、あの捕球ミスは内野手目線で見れば、実は「よくあるミス」でもありました。一瞬でも速くタッチをするためには、グラブを上から下に速く落とす必要があります。その際、送球されたボールがきれいな回転で真っすぐ届けばイメージ通り捕球してタッチできますが、少しでも送球に変化がある場合は落球の確率が高くなってしまうのです。

ここで佐藤選手にとって大切なポイントは、ミスを分析して次につなげることです。タッチを焦る必要があったのか。焦る必要があった場合、グラブの角度は正しかったのか。送球されるボールに動きがある時はどのような捕り方をするべきなのか。自分で考えて練習から対策を練り続ければ、今度は同じようなシーンで失敗せずに済むはずです。

佐藤選手は二軍降格後、特守も含めて懸命に守備練習を続けていたと聞きます。六月七日の西武戦（甲子園）で一軍復帰して以降は致命的なミスを減らしている印象です。これは本人が課題克服に向けて相当に努力した証《あか》しに違いありません。

後半戦に入ると打撃の状態も一気に上げて、替えが効かない絶対的プレーヤーへと返り咲きました。守備面でも「低く構えて目線のブレをなくせるように」という心掛けから安定感が増しています。守備力の向上は必ず打撃面にも好影響をもたらすものなので、これからの佐藤選手のさらなる飛躍が楽しみでなりません。

野球界では名手と呼ばれるプレーヤーはたくさんいますが、捕り方や投げ方は人それぞれです。個々人で試行錯誤を繰り返した末に手に入れた「自分の形」だからだと想像します。マニュアルを超えた試行錯誤を重ねてこそ、ミスの回数をゼロに近づけられるのではないでしょうか。

そんな私の考え方を本書では紹介させてもらおうと思います。

二〇二四年八月

鳥谷　敬

ミスをしない選手　目次

第2章　実力を見極め、正しい準備をする

第3章　ミスを分析して改善する

第4章　年齢を重ねてもミスをしない

第5章　プロ野球はショート目線で見れば面白い

第6章 ミスを成長につなげる教え方

本文構成　佐井陽介（日刊スポーツ新聞社）
編集協力　岡村啓嗣

第 1 章

ミスの定義

「準備」「分析」「練習」のサイクル

◎——準備がミスを材料に変える

皆さんが考える「ミス」の定義とは一体、どのようなモノでしょうか。

プロ野球選手だった私にとって、ミスは「次に生かすための材料」でもありました。

野球はミスをするスポーツです。

「まえがき」でも触れましたが、野手であれば、どれだけの好打者でも安打を打てる確率はたった三割。残りの七割は打ち損じなどになります。ミスを成功につなげていく思考を持たなければ、毎日グラウンドに立つ中でメンタルが滅入ってしまいます。

しかも私の場合、阪神時代は内野部分が土の甲子園球場を本拠地にしていました。内野手にとって、イレギュラーが発生しやすい甲子園は「ミスを受け入れなければいけない舞台」でもありました。そんな環境で仕事をしていたので、いつの間にか「ミスも次にうまく生かそう」という発想が自然と体中に染みついたのかもしれません。

たとえば守備面。誰でも分かるミスといえば「失策」になります。ただ、ミスは失策だけではありません。数字に表れないミスの種類を数え上げ始めれば、もうキリがありません。「ダブルプレーを取れるタイミングであったのに、ボールを握り直したためにアウトにできなかった」「守備位置で極端なシフトを敷いた結果、ヒットとなってしまった」など、ミスの中身は千差万別です。

もちろん、自分の考え違いや油断、気の緩《ゆる》みから起こったミスに関しては反省して回数を減らしていく必要があります。ただ、どれだけ準備をしても野球にミスは付きものです。今後も同じ失敗を繰り返さないためのヒントがミスの中に隠されていると考えていかなければ、とても前向きな感情を保つことはできません。

野球に限らず、サッカー、ゴルフ、テニスなどのスポーツにおいてミスは多く起こるモノでもあり、そのミスを分析して対応していくことが成功への近道になるのではないでしょうか。

客観的に見れば、スポーツはミスがあるからこそ偶然性がもたらされ、観ている人も醍醐《だいご》味《み》を味わうことができます。

野球でいえば、守備中に飛んでくるゴロにしたって、まったく同じバウンドで転がってくるモノは一つもありません。ボールの回転も不規則です。そんな打球に対してミスが出た時、自分はどう準備したのかを振り返り、改善策を練習で模索することは極めて大事な作業といえるのです。

ただ、ミスを次に生かすためには必要不可欠な大前提が存在します。

それは事前の準備です。

事前の準備が存在して始めて、ミスをした後に「何が足りなかったのか」をあぶり出すことができるからです。

二遊間のゴロをさばく練習を続けてきたのに、送球ミスが出た。

体が流れたまま送球したことが原因かもしれない。

ならば、次は捕球するまでの足の運び方を変えてみようか。

それとも送球時の体重のかけ方に変化をつけてみようか。

技術的なミスの場合、そんなふうに事前の準備をどんどん改良していく作業を繰り返すことになります。

言い換えれば、「事前の準備」がなければ、改良などできないわけです。

◎――「捕る」ではなく「はじく」練習

さらに詳《くわ》しく、ゴロのさばき方を例に考えてみましょう。

先ほど述べた通り、甲子園球場は内野部分が芝ではなく黒土です。土は人が動く度に掘られていくため、どれだけ整備を続けてもイレギュラーがゼロになることはありません。毎日コツコツと練習を続けても、すべてのゴロを完璧に捕球することは不可能に近いと言わざるを得ません。

そこで私は「捕球練習」と同様に「打球のはじき方」も練習するようになりました。たとえば試合でゴロを体の右側にはじいてしまって、打者走者をアウトにできなかったとします。このゴロをもし体の左側や送球方向にはじくことができれば、たとえ完全捕球できなかったとしても打者走者をアウトにできるのではないか？　そんな考え方で「ミスの質を上げる」努力も始めるようになったのです。

これがもし漠然と準備をするだけの選手であれば、そもそも自分がクリアできているポイントと課題の両方を明確に把握することができていないので、ミスの理由を突き止めるまでに相当な時間がかかってしまうはずです。

ミスを受け入れて、次にミスをしないための材料にするには、体作りにせよ技術磨きにせよ、日々の準備が大前提となります。準備をすることで、ビフォーアフターとして比較でき、改善点を明らかにすることができるのです。

野球の場合はミスをした瞬間から次のプレーが始まっています。

ゴロをはじいて「うわっ、エラーしてしまった」と動揺している間に、打者走者に次の塁を奪われてしまったら元も子もありません。

その場ではミスを反省する時間がないので、試合後、ミスを次の試合に生かす他に策はないわけです。

◎――ミスには必ず原因と結果がある

では、どのようにミスを次に生かすのか？

私が「準備」の次に大切にしていたのは、ミスの原因を「分析」することです。

準備をしていたにもかかわらずミスをしてしまったとします。ミスには必ず原因と結果が存在します。原因を特定して、そこの部分を練習によって撲滅《ぼくめつ》していくのです。

先ほどの例でいえば、「はじいた方向」は間違っていなかった。しかし、ボールが思いのほか遠くに転がってしまってエラーになった。では、体の近くにはじくためには、どのような体の使い方が必要なのか？

そして、行き着いた結論が後に説明する「脱力する」だったわけです。

「エラー」にしても、ミスした瞬間だけを切り取るのではなく、一連の動作を振り返り、原因を探し出す必要があります。送球時のエラーであっても、送球にスムーズに入れる捕球姿勢でなかったこともあるわけです。結果だけにフォーカスするのではなく、その結果を導いた「真の原因」、つまり「何が足りなかったのか」をあぶり出すのです。

送球ミスの原因が捕球時の足の運び方だったのに、周囲から言われるがままに送球練習ばかり繰り返していたって、根本的な解決にはつながりません。

逆にきちんと理由を見つけ出せれば、後は練習で課題と向き合い続ければいいだけです。練習は課題解決のためにあるといっても過言ではありません。逆に課題が解決されない練習は練習ではなく、ただ「やったことに対する満足感」だけのために練習をしているのと同じです。

つまり「準備」「分析」「練習」のサイクルを回していくことが重要なのです。

守備の場合、ミスの多いレギュラー選手が年間で二〇失策したとしても、単純に守備率だけを見れば、少なくとも九割三分以上は成功している計算になります。ただ、どれだけ名手と呼ばれるプレーヤーでも、記録に残らないモノも含めれば、シーズンを一年間戦って一度もミスをしない選手などいません。

たとえゼロ失策でシーズンを終えられて、他人からの評価も抜群に良かったとしても、当の本人には必ず「あのプレーはもっとこうすれば良かった」という反省点が残っているはずです。そういった自分が感じたミスを次に生かしていけば、選手はどんどん成長していけるはずなのです。

ミスを生かすも殺すも自分次第――。

それはプロ野球界に限った話ではなく、ビジネスシーンでも同じではないでしょうか。たとえば会議でプレゼンテーションをする際、大した準備もせずに失敗してしまったとします。準備をしていなければ、なぜ成功させられなかったのか、原因をあぶり出すことは困難だと想像します。

もし一〇回のうち一、二回は成功できたとしても、まともに準備をしていなければ、なぜ成功させられたのか根拠を見つけることもできないと思います。そうなると、成功する確率をなかなか高めていけません。一方、前もって考え抜いた準備をしていれば、なぜ聴いてくれた人たちには響かなかったのか、なぜ失敗したのか、原因を突き止めやすくなるのではないでしょうか。

◎――落球の裏に隠された本当の原因

今でも覚えているミスがあります。

阪神に在籍していた二〇一六年五月十七日の中日戦（甲子園）の九回。遊撃後方への平凡な飛球を落として、逆転負けの引き金を引いてしまった痛恨のエラーです。当時の金本知憲《ともあき》監督を激怒させてしまったミスなので、覚えている方もいるかもしれません。

あの時、飛球を追っている最中にスパイクの歯が芝生に引っかかってしまい、つまずきかけたのは事実です。その影響で目線がブレて落球してしまったのかなと考えましたが、それにしても自分でも信じられないぐらいショッキングなミスでした。

そこで私は原因を分析しました。

ボールの見え方に違和感があったので、目の状態を調べられる施設に向かいました。すると、左斜め上を見る際に目の動きがついていけていない、と診断されました。

飛球の動きに目が追いつかないから、代わりに顔ごと動かそうとした結果、体が浮いてつまずいてしまっていた。

原因を突き止められれば、後は改善に努めるだけです。

オフシーズンは目のトレーニングにも励み、翌年の二〇一七年には元通りの見え方を取り戻すことができました。
あの時、違和感に気づくことができたのは、同じような飛球に対する練習を常日頃から続けてきたからだと思います。もし日々の準備を怠《おこた》っていて、ミスをした後も違和感を解消できないままプレーを続けていたら、きっと二〇二一年まで現役生活を続けることはできなかったでしょう。

準備をする。

ミスの原因を分析する。

課題解決のために練習をする。

また準備を進める。

そんな準備の上塗りを徹底したから、プロ野球選手としての寿命を三、四年は延ばすことができたのだと思います。そう考えれば、当時は相当なバッシングも受けましたが、あの落球は私の野球人生にとってかけがえのないミスだったと表現してもいいのかもしれません。

ミスは自分自身のとらえ方次第で、成長するためのきっかけに変えることができます。

二〇一六年の落球を例に挙げれば、当時のチーム関係者やファンの方々は「ふざけんな」と憤《いきどお》ったところで話が終わっているのかもしれません。

一方、当事者である私は、落ち込むだけでなく冷静に原因を突き止めて改善に励み、痛恨のミスをプラス材料に変える努力を続けました。

◎――「ミスを受け入れる」とは、その対処策を考えること

もしかしたらご存じの方もいるかもしれませんが、私は早大からプロ入りする際、複数球団の中から阪神入団を選びました。

巨人や横浜（現・ＤｅＮＡ）などからも声をかけてもらった中、阪神を選んだ理由の一つに本拠地・甲子園球場の特性がありました。

甲子園は今も昔も内野部分が黒土。人工芝と比べて足腰の負担が軽くなります。

さらにいえば大リーグの球場も天然芝の球場が大多数だったので、学生時代からメジャー挑戦という大目標を胸に抱いていた自分にとって、黒土と天然芝で構成された甲子園でプレーすることがベストだと考えたのです。

東京六大学でプレーしていた早大時代は週に四、五回の練習を土のグラウンドで行い、土日は人工芝の神宮球場で試合をする流れでした。当時の神宮球場は今みたいに長い芝ではなく、アスファルトかなと感じるぐらい本当に硬いグラウンドでした。

スパイクを履いていても雨中の試合では滑ってしまうほど、ツルツルの状態。週に二回しかプレーしないのに体への負担が大きく、「ちょっと人工芝は自分に合わない。人工芝で年間七〇試合以上を戦うのはキツい」と感じた経験も、黒土の甲子園を選ぶきっかけになったわけです。

人工芝の東京ドームを本拠地にしている巨人・坂本勇人《はやと》選手は以前、こう言っていました。

「僕は人工芝に慣れている分、土のグラウンドは軟らかくて足で踏ん張らないといけないから、体に負担がくる」

合う合わないは人それぞれなのかもしれません。

ただ、私の場合は土のグラウンドの方が体への負担が優しかったのは間違いありません。

結局メジャー挑戦という大目標をかなえることはできませんでしたが、ユニホームを脱いだ今でも土の甲子園を選んで正解だったと思っています。

とはいえ、黒土と人工芝のどちらで守る方が楽かと聞かれれば……やはり人工芝と答えるでしょうね。グラウンドが人工芝だと、打球は基本的にイレギュラーすることなく、そのまま転がってきてくれますから。

もちろん、球場によって特性はあります。

バンテリンドーム ナゴヤではボールの転がり方が速くなります。打球が跳ね上がってから捕ろうとすると、グラブがボールに差されてはじいてしまうことがあるので、ショートバウンド捕球を狙う必要があります。

一方、京セラドーム大阪は高く跳ねます。できる限りバウンドを少なくして前でさばかないと、走者に無駄な進塁を許してしまいます。

ですが、どちらの球場も難易度の高さでいえば甲子園には勝てません。

甲子園は内野手にとって本当に難敵でした。

天候によって土のコンディションが変わるし、人工芝とは比べものにならないぐらいゴロがイレギュラーする可能性が高い。「ミスを受け入れないといけない舞台」だったわけです。もちろん、ミスをしていいと言いたいわけではありません。ミスを受け入れて、その対処策を徹底的に行う必要があったのです。

◎――阪神園芸との対話

そんな本拠地で少しでもミスを減らしていくためには当然、細かい準備が必要でした。甲子園は内野部分が黒土なので、グラウンド整備を担当する阪神園芸の皆さんには、よく土の状態を聞いて確認していました。

試合前練習が始まる時間のさらに前のタイミングで「今日の土はどんな感じですか?」と聞くことで、試合で飛んでくる打球をイメージしやすくしていたのです。

土の状態を確認するようになったのは独身寮の「虎風荘《こふうそう》」を退寮した後、練習前に一人でランニングするルーティンを始めた頃だったでしょうか。確かプロ三、四年目だったと思います。

午前中とか早い時間帯に甲子園のグラウンドに向かうと、阪神園芸の皆さんがすでに整備を始めています。そこで土を掘ったり固めたりしている姿を見て、「もしかしたら自分がリクエストしたら意見が通ることもあるかもしれない」とひらめいたのです。

今ではナイターゲームの日でも多くの選手が朝から練習しています。ですが、当時は全体練習の開始時間が午後二時の日、午前中から球場で練習を始めているのは私ぐらいでした。そんな状況だったので、他の先輩方が阪神園芸の方と話をする姿は見たことはありませんでした。ただ、実際に話をしてみると、プラス材料ばかりが積み重なっていきました。

阪神園芸の方々とは毎日のように、いろいろな意見を交わしました。

私は天候によって目まぐるしくコンディションが変わる土に対して不安な気持ちがありました。「今日はちょっと硬いです、軟らかいです」といった具合に土の状態を共有できるだけでも心が楽になったものです。

実際に面と向かえば、話は自然と広がります。

「こういうふうにしてもらったけど打球が跳ねました」

「じゃあ今度はこうしてみようか」

そんな具合に阪神園芸さんとは一緒にグラウンドを作り上げている感覚がありました。

内野後方から始まる天然芝部分を拡張する際も、「どれぐらい広がるんですか？」と事前に聞いていました。

五回終了時には「これから雨が降るかもしれないけど、それでも水をまいた方がいい？」

と確認されて、「多めにお願いします」と答えたこともありました。

他にも「少し掘ってもらいましたけど動きづらかったかもしれません」とフィードバックすれば、「じゃあ掘り方を変えてみようか」と考えてくれたり……。

そんな感じで常にグラウンド状況を確認しながらベストを追求させてもらえたから、あの甲子園でもミスを減らしていけたのだろうと思います。

阪神園芸さんには本当に感謝してもしきれません。


甲子園は気温や湿気によって土の硬さが大きく変わります。

浜風が強い日は土の上部にあった砂が舞って少なくなり、土の軟らかい部分が減ってゴロが跳ねやすくなったりもします。雨が降れば土がぬかるんで足の踏ん張りが効かなくなるし、走者が駆け抜ける度に走路に穴ができてしまいます。走者が行き来する度にデコボコを足でならす作業も、阪神の内野手にとっては必須のルーティンでした。

あまり知られていませんが、水のまき具合によって視覚的なイメージが全然違ったりもします。土が乾いた状態で色が白く見えると、打球がすごく跳ねてきそうな気がします。土に湿り気が残っていて黒くなっていると穴や段差を目で確認できるのですが、土が白いままだとそれも見づらくなってしまうのです。そうならないために、阪神園芸さんに水をまいてもらったりもしていました。

雨対策用のシートを敷く前と後でも土の状態が激変します。なかなか大変な球場だったのは間違いありません。

本拠地の場合、レギュラーシーズンだけで七〇試合以上を戦うことになります。七〇試合あれば季節も当然移り変わります。その日その日の湿気や風も踏まえて対応を変えていかなければなりません。現役時代、私は少しでもミスを減らすために毎日もう必死でした。

聞けば、今では中野拓夢《たくむ》選手など阪神タイガースの後輩内野手たちも阪神園芸の方々と密にコミュニケーションを取っているそうです。どの球場でも準備は大事なのですが、特に甲子園は他の球場と比べても準備がモノをいう特殊な舞台なのです。

ちなみに私が阪神に在籍していた当時の先輩で、かつて五年連続盗塁王の偉業も達成された赤星憲広《あかほしのりひろ》さんも現役時代、よく阪神園芸の方々と話をされていたと聞きます。

たとえば一塁から二塁への走路部分が走りにくくなっていたら「もう少し土を硬くしてもらえませんか」とお願いしたりもしていたそうです。それだけ細部にもこだわって準備を進めなければ、土のグラウンドで成功を収めるのは難しいのです。

阪神園芸の皆さんは、今では高校野球の影響もあって「神整備」で有名になり、楽天モバイルパーク宮城など他の球場の整備も任されたりしています。

それほど技術力の高い方々の力を借りられた私は、今思えば、本当に幸運だったといえます。

◎——ミスの後は楽な振る舞いを選べばいい

とはいえ、いくらミスを減らそうと努力しても、野球をやっている限りミスは必ず出てしまうものです。

ではミスをしてしまった直後、選手はどのように立ち居振る舞うべきなのでしょうか。

もちろん、正解などありません。

個人的には周りのチームメイトにマイナスな感情をもたらさない限り、自分が一番楽な形を選択すればいいのではないかと考えます。

たとえば阪神で私が付け続けていた背番号「1」を受け継いだ森下翔太選手は二〇二三年秋、オリックスとの日本シリーズ第五戦で痛恨のミスを犯しました。

右翼守備で二塁手の中野拓夢選手が後逸したボールをカバーしたのに、森下選手も後逸して一塁走者のホームインを許してしまったのです。

そんな時は自分にとって一番楽な方法を選べばいいのです。

もともと打った時に喜びを隠さない、喜怒哀楽《きどあいらく》を出すタイプであれば、思いきり悔しがればいい。

打っても表情を変えないタイプであれば、悔しさを押し殺せばいい。

ミスをした瞬間に試合が終わるわけではないので、次に自分が一〇〇パーセントのパフォーマンスを出せるような形を選択すればいいのではないでしょうか。

私の場合、ミスをした時に「あ～やってしまった」と落ち込む感覚が一番苦手だったので、ミスをした後も表情には絶対に出さないようにしていました。もちろん反省はしますが、引きずりすぎず淡々と次に生かす流れの方が、心を整えやすかったのです。

正常なメンタルの保ち方は本当に人それぞれです。

日本シリーズでの森下選手は結局、痛恨失策の直後に逆転打を放ちました。きっと自分の方法でメンタルを前向きな方向へ持っていけたのでしょう。

今振り返れば、私は試合中にエラーをしてしまった後、すぐにポジティブな感情を取り戻せていたような気がします。むしろその後にチャンスで打席が回ってきたら、ミスをした分、今度はヒットを打てるだろうな、とさえ感じていました。

〝野球の神様〟が「打つ方で取り返しなさい」と言っているのだと、勝手に思い込むようにしていたのです。

ミスをするなどマイナスな事象を起こしてしまったら、今度は反作用する形でプラスの事象が発生する。そんな考え方を脳内で自分自身に言い聞かせることで、私は日々のミスを懸命に受け入れていたのだと思います。

◎――大きな目標があれば、失敗を糧にできる

失敗を糧《かて》にする。

口で言うのはたやすいですが、決して簡単なことではありません。

では、なぜ私は失敗を糧にできたのでしょうか？

「根っからのポジティブ思考だったからですか？」と聞かれれば、即座に否定します。

私はもともとネガティブで心配性だからです。

一方で今振り返れば、他人と比較して、目標やゴールを巧みに設定する才能には恵まれていたかもしれません。

小学生の頃の記憶をよみがえらせれば、ゲームを楽しむ時もすぐに目標をパッと決めてから始めていました。ドラゴンクエストやファイナルファンタジーといったロールプレイング

ゲームとか桃太郎電鉄とか、目標に向けてコツコツ進んでいくゲームが好きでした。

今でもゴルフの打ちっぱなしで「そろそろ帰ろうかな」と思った時、ただ漠然と何球か打って終わるのではなく、「次にあの場所にきっちりボールを乗せられたら終わりにしよう」といった感じで目標を立てたりします。きっと何も考えずに目の前の事柄を進める作業があまり得意ではないのでしょうね。

目標を設定できれば、一つひとつ目標をクリアしていくことで、自分は前に進んでいるというポジティブな感情を持つことができます。Aをクリアしたから次はBに挑戦してみようという前向きな発想も生まれやすくなります。

私の場合、短期、中期、長期とその時々であらかじめゴールを設定できていたから、その道中でミスをした時に誰に何を言われようと、失敗を目標達成に向けた材料に変えることができたのだと思います。

たとえば、大学生の頃から「いつかはメジャーでプレーしたい」という大目標がありました。このゴール設定があったから、若い頃にどれだけ失敗しても「メジャーに行くためにも次はもっとうまくなるんだ」と前向きな感情を保てたのだと思います。

逆にもし自分に目標がなかった場合、エラーをした後、周りから浴びせられる批判をもっと気にしていたはずです。「次はミスをしないように」とその場しのぎの対策ばかり考えてしまっていたことでしょう。

そう振り返ってみると、やはり「目標があるか、ないか」は失敗を糧にする上で非常に重要なポイントなのかもしれません。


私はまだ人生で一度も会社勤めをしたことがありません。なので、これは想像でしかありませんが、もしかしたらプロ野球の世界もサラリーマンの世界もそういった点では似たような部分があるのではないでしょうか。

これといった目標もなく無難に定年まで勤めて退職金をもらおうとだけ考えている人は、なかなか日々のモチベーションを保つのが難しそうです。

そんな毎日の中で上司からネチネチと小言を言われ続けると、面倒くさくなって、「この上司に怒られないためにはどうすればいいか」というマインドに陥《おちい》ってしまいそうな気がします。

すると、必要以上に上司の機嫌を取ったり、余計な労力が発生することになります。

一方、この会社でノウハウを学んでいつかは起業したいとか、五十歳までにこれだけの金額を稼ぎたいとか、自分なりの目標があれば、日々の失敗を成長するための糧に変えられそうな気がします。

あらかじめゴールを設定できていれば、人は自分の背中を押しやすいものです。

たとえ周囲から的外れな批判を受けたとしても、人の意見に流されず自分のスキルアップに専念できると思うのです。

◎――ネガティブで不安だから練習する

私は先ほども述べた通り、心配性です。

だからいざ目標を設定した後は、おそらく人よりも準備をして練習をします。

それは少しでも不安を取り除くためでもあります。

現役引退後、二〇二三年二月の大阪マラソンでは初マラソンで三時間十四分七秒を記録しましたが、この結果を出すまでにも相当走り込みました。

最初は三時間四十五分以内という目標が設定されていたのですが、当日に結果が出せない可能性を想像するだけで怖すぎて、毎日走り続けるしかなかったのです。

振り返れば、コーチの方から「走りすぎなので少し控えてください」とやんわりストップをかけられたこともありました。

結局は一年間で約三〇〇〇キロを走ることになり、周りの人たちからも「よくそんなに毎日練習したね」と大層驚かれました。

ただ、私に言わせれば、失敗するのが怖かったから走り続けただけなのです。

そんな性格は簡単には変えられません。なので、私は今も仕事に対して準備に余念がない方だと思います。

プロ野球のテレビ解説が入っている際は、事前に両チームの現状や直前の試合を必ずチェックします。当日も一人ひとりの結果を全部スコアブックに書き込んで驚かれます。後で試合序盤や中盤の話を振られた時に「え〜っと二回でしたっけ？　三回でしたっけ？」と分からなくなったり間違えたりする自分が許せないからです。

とはいえ、このような心配性であるが故の姿勢は今、いろいろな仕事にチャレンジする上でプラスになっているとも感じています。


私が十八年間の現役生活を送る中で出会った先輩後輩を振り返ると、プロ野球の世界で一流と呼ばれたプレーヤーの方々の多くは心配性だったように記憶しています。

いつだって本番で結果を出せるか不安だから、人一倍練習をするし、体調管理面でも人並み外れた節制を続けられるわけです。

私自身、心配性で絶対に後悔しないだけの練習をするから、本番で出たミスを「これだけ練習した上での失敗だから仕方がない」と素直に受け入れて、成長するための材料に変えられたのかもしれません。

◎――「ミスをするな」は解決策にならない

妥協なき準備があれば、ミスは必ず次に生かせる。

このような考え方を現役時代から持っていたからでしょうか。

私は今、パナソニックのコーチ、阪神のキャンプ臨時コーチとして選手を指導する際、「ミスをするな」とは絶対に言いません。

ミスには、前向きなミスと後ろ向きなミスの二つが存在します。

周りの目を気にしたり、心が守りに入ってしまった結果のミスは簡単に肯定するわけにはいきません。ただ、普段から準備していたプレーに挑戦した末のミスであれば、私の考えでは必ず次に生かすことができます。

たとえば、足をしっかりステップさせながら捕球する練習を試合で実践しようとした結果、打球に差されてエラーしたとしましょう。

もちろん、数字上は一失策が記録されます。ですが、私は次につながるミスだと考えます。

準備をした結果のミスであれば、原因に気づいて準備を改善すれば、また一歩レベルアップすることができるからです。

誰だってミスはしたくありません。ミスをしようと思ってミスをする選手など存在しません。

それなのに「ミスをするな」と怒鳴ったところで、何の解決策にもなりません。

残念ながら、野球界ではいまだに「ミスをするな」「腕を強く振れ」「ゴロを捕る時は足を使え」など、大雑把《おおざつぱ》に教える指導者が少なからずいます。

個人的にはこれらの言葉は、指導する側の「逃げの言葉」ではないかと考えています。

選手はミスをしたくてしているわけではありません。腕を強く振りたいけれど、足を使いたいけれど、それができないから困っているわけです。

それなのに大雑把な言葉をかけられると、「それは分かっているのだけど……」とモヤモヤするだけです。

大雑把な言葉をかけるだけであれば、指導者は楽です。どうすればミスを少なくできるのか。腕を強く振れるのか。足を使えるようになるのか。日々進化する知識を学ぶ必要がありませんからね。

でも、大雑把な言葉は正直、選手にとって何の助けにもなりません。

たとえば試合で選手がエラーをした時、守備コーチが「あのエラーはあり得ない」「なぜエラーしたのか本人に聞いて」といったコメントを報道陣に残すケースがあります。

私はそれらの言葉に対しても否定的です。指導する側だって、選手の一つひとつのミスを分析して原因を突き止めることで、次の指導に生かすことができるはずです。

「こういう理由であのエラーが出たから、明日はこんな練習をしてもらおうと思います」

そんなふうに説明できてこそ、選手は納得して指導を受けられるのではないでしょうか。

少なくとも試合終了直後、「なぜミスをしてしまったのか」を明確に把握できている選手は決して多くはありません。

本人目線ではなかなか気づけなかったポイントを違う目線でアドバイスできてこそ、コーチという職業は成り立つと思うのです。

「あんな大事な場面で絶対にミスをしてはいけない」

そんなふうに抽象的に叱られても、選手は前に進めません。

それならば、たとえば「打球に対する一歩目のスタートが緩くなった分、うまくバウンドに合わせられなかった。だから明日の練習では一歩目のスタートを意識しよう」と具体的に伝えた方が、成長するヒントを与えられるはずです。

打撃面の指導で考えてみても、第三者目線での指摘は非常に効果的です。

打者の目線は基本、投手に向いています。それが打撃コーチの目線も借りれば、ベンチから見た背中側、正面側からのヒントも手に入れることができます。

自分とは違った目線からの発見があれば、失敗した時も改善しやすくなるのは間違いありません。

次に似たようなミスをしないためにも、経験したミスを成長の材料へと変換させる作業は極めて重要です。

そんな考え方を持っているので、私は他人を指導する際、「ミスをするな」とは絶対に言いません。その代わり、原因追及を促した上で「ミスを生かそう」と伝えるようにしています。

第 2 章

実力を見極め、正しい準備をする

◎——できること、できないことを何を基準に判断するのか

ミスをしないために「準備」「分析」「練習」のサイクルを回すことの大切さを前章では述べました。本章では、「準備」をする上で、自分の実力の現在地を知ること、そして正しい準備の方向を知る大切さについて述べたいと思います。

自分を過大評価しすぎていて「自分にはできる」と思ってしまえば、向上心は生まれてきません。逆に過小評価しすぎていても、やる気は芽生えてきません。まずは自分に何ができて何ができないのかを知ることが大切なのです。それは「ありのままの自分を知る」ということです。

「できる、できない」についても、何を基準にそう判断するのかということがとても大切です。

野球に限らずスポーツにおいて、常識は昨今のスポーツ科学の発展もあり、日々進化しています。野球でいえば、自分が正解だと思っているスイングで素振りを一〇〇回続ければ、体力はつくかもしれません。ただ、もしそれが間違ったスイングの形であれば、ボールを打つという目的に即しているとは言い難いでしょう。

野球界では以前、アッパースイングは良くないとまことしやかに言われていました。

しかし、ＭＬＢでは「スタットキャスト」と呼ばれるボールの打球角度を数値化する技術が開発され、「フライボール革命」が起こりました。「スタットキャスト」とは、ＭＬＢ中継で大谷翔平選手の打球速度などをよくアナウンサーが紹介しますが、まさにそれです。打球速度が時速一五八キロ、打球角度が二六～三〇度で上がった打球がヒットゾーンに飛び、スタンドインもしやすいと定義づけられたのです。

いわゆる「バレルゾーン」です。

バレルになる角度は、打球速度が速くなれば速くなるほど広がり、閾値《しきいち》（一線を越える値）とされる時速一八七キロに到達すると、八～五〇度の範囲がバレルとなります。また、研究結果によると、直球を打つ場合は水平面に対して一九度のアッパースイングでボールの中心の〇・六センチ下側をインパクトすると、飛距離が最大化するとされています。この考え方が広まって以降、ホームラン数は増加傾向をたどっていきました。

ＭＬＢでホームランを量産するニューヨーク・ヤンキースのアーロン・ジャッジ選手は以前からバレルゾーンを意識して打っていることを公言していました。

ただし、一年間統計を取ると、ホームランは増えますが、打率は下がり、三振の数も増える数字が残りました。

つまり打率面でいうと「フライボール革命」がすべて正しいとは言い難い部分もあるわけです。

一方、守備についても「両手で捕る」は正しいといえるのでしょうか？

確かにグラブに入ったボールを押さえるという意味では効果はあるでしょう。しかし、両手で捕ることを意識しすぎると、捕る際に頭が下がり、送球への連動性が失われてしまいます。当然、守備範囲も狭くなってしまいます。試合ではさまざまな打球が飛んできますから、逆シングルなど片手捕球をする練習をしておくことも必要になります。

前章の最後にも述べましたが、コーチの声がけも大切です。エラーした選手に「気合が入ってないぞ」では何も進歩しません。

以前、大谷翔平選手が「メンタルは技術で補える」という主旨の発言をしていました。自分を知り、正しい技術を身につけていくことが重要なのです。

◎――自分が下手くそだという自覚

うそ偽りなく正直に振り返れば、私はプロ入り当時、遊撃守備が決して上手ではありませんでした。むしろ「下手だった」と表現した方が的確かもしれません。

聖望学園高校、早稲田大学時代から主にショートを守り続けてきました。ただ、守備が上手だったから遊撃手を任されていたわけではありません。レギュラーメンバーの中では他の選手より肩が強い。ならば、三遊間奥深くからの遠投が必要になるショートを守らせようか。特に高校生の頃はそれぐらいの意図でショートを守っていたように記憶しています。

学生時代はどのチームも能力のある選手を投手や捕手、遊撃手にしてみて、内野手が難しそうなら外野手に回す、といったイメージだったはずです。自分自身、学生時代から打撃と同じぐらい守備も突き詰めて練習してきたかと問われれば、「いいえ」と答えざるを得ません。

地元が東京都内の東村山市で西武ライオンズ球場（現・ベルーナドーム）から近かったこともあって、幼少期から西武ファンでした。ですが、自分と同じポジションだからといってショートの選手に注目したこともありません。

スター外野手だった秋山幸二さんが大好きだった理由も、「バク宙する姿が格好いいから」。誰かの肩の強さに驚くことはあっても、「守備が上手だから好きになる」という発想は残念ながら一度も浮かんだ経験がありません。

そんな私だったので、守備に対するこだわりもそれほど強くはありませんでした。

たとえば高校時代、自主練習の時間にノックを打ってもらったり、守備を鍛えた記憶はありません。

全体練習の中で「誰かがミスをしたら最初からやり直し」といった〝地獄ノック〟には苦労しましたが、厳しい守備練習の記憶といえば、それぐらい。寮生活ではなく自宅から学校に通っていたので、帰りの電車の時間を逆算しないといけなくて、「ひたすら居残り練習に励む」という環境でもなかったのです。

◎――「遊撃手では難しい」スカウトの評価

そこまでのレベルの練習量しか積めていなかったので、高校時代の私に対するプロ球団の評価は、少なくとも遊撃守備に関しては高くはなかったはずです。

数球団のスカウトは注目してくれていたそうですが、当時の聖望学園の岡本幹成《みきしげ》監督に聞いたところ、遊撃手ではなく、兼任していた投手として評価している球団もあったようです。

打力を認めてくれている球団にしても、「遊撃手としては難しいから外野手で。もし可能性があるとしても二塁手で」といったぐらいの評価。それで結局ドラフトでも指名されず、セレクションに合格した早大に進んだわけです。

とはいえ、プロから遊撃手として評価されなかった事実に落ち込んだりはしませんでした。ただ単に肩の強さや脚力の関係で守っていただけなので、当時はそこまで遊撃手にこだわりがなかったのです。

プロ球団から伝えられていた二塁転向、外野転向という構想も決して嫌だったわけではありません。もちろん、経験が少ない外野手としてプロで勝負するぐらいなら、慣れている遊撃手として大学に行って四年後を目指す方が得策かもしれない、とも考えました。それでも、もし高卒でドラフト指名されていたら入団していたと思います。

◎——一番になれないコンプレックス

そんな私だったので、早大入学時は守備に自信がありませんでした。

一番最初の練習で全国各地から集まっていた同期たちの動きを見て、「これはもう守備力では勝てないな」とあっさり白旗を上げたものです。

中でも沖縄尚学高校時代に三年時の春のセンバツ大会で全国制覇した時の四番・主将の遊撃手、比嘉寿光《ひがとしみつ》（現・広島編成部編成課長）の守備力には本当に面食らいました。

比嘉は春夏を通じて沖縄県勢初の甲子園優勝をもたらしたスター選手。高校日本代表でもショートを守っていて、その実力はある程度は知っているつもりでした。ただ、入学直前の二月に初めて練習で一緒にプレーした際、生の動きを見て「ちょっとこれは歯が立たないな」と痛感させられたのです。

身長は一八〇センチの自分よりも五センチ高い一八五センチ。一挙手一投足がダイナミックで肩も驚くほど強い。「これは勝てないな」と瞬時に悟ってしまうほど、レベルの差は歴然でした。

早大時代の成績だけを見れば、私は一年春から四年秋まで東京六大学リーグの全試合にスタメン出場しています。まるで挫折知らずの四年間のようにも映りますが、実情は違います。一年春のリーグ戦に出られたのも、運に恵まれただけでした。

私は一年春、オープン戦が始まった直後に右手中指の付け根を剝離《はくり》骨折しています。それでもなぜ初戦からスタメン起用されたのかというと、二塁レギュラーだった四年生の先輩が野球部を辞めてしまったからでした。それで代役として急きょ自分が抜てきされただけだったのです。

当時は試合に出る出ないとかポジションについて、監督に物を申せる時代ではありませんせん。「出ろ」と言われれば、出る以外の選択肢などありません。骨折したままの指にテーピングを巻いて、中指を立てた状態でボールを握って投げていました。

特に最初は痛くならない投げ方を模索したり、テーピングの仕方を何パターンも試したり、なんとか工夫して一試合一試合を乗り切っていました。

ただ、結局は代役で試合に出してもらっていただけの立場です。どれだけ試合に出させてもらっても、比嘉や周りの選手たちと比較されて自分の実力に胸を張れるだけの自信は正直、ありませんでした。

私は高校生の頃からひそかにコンプレックスを抱えていました。それは「いつも自分は一番になれない」というモノでした。

飛ばす力、肩の強さ、守備力、足の速さ……。どれを取っても小さい頃から一番になれずにいたのです。

たとえば肩の強さでいえば、高校生の時は投手も兼任していて、遠投で一〇〇メートル以上を軽々と投げられていました。ホームベース付近から球場の外野観客席に放り込むこともできました。ですが、小学校の頃から自分よりも肩が強い投手がいたので、「自分の肩が絶対に一番強い」とは自信を持てずにいました。

聖望学園高校に入ってからも、同級生に宮崎広春という四番打者がいて、飛距離ではかないませんでした。守備力にしても、控え組で守るだけなら私より上手な選手がいました。足の速さでも中堅レギュラーの同級生に負けていました。

どの分野でも上位三番目までには入れるけれど、一つひとつが突出しているわけではない。それが高校生の頃からの自己評価でした。そして、そんなコンプレックスは早大進学後、ますます強くなっていきました。


日本全国から猛者《もさ》が集まってくる早大で、私は同期で二人だけのスポーツ推薦選手だったこともあって、周りからは走攻守で高い評価をもらっていました。

ただ、実際には肩で比嘉に負けているし、足では青木宣親《のりちか》（現・ヤクルト）に負けている。打撃の技術では由田《よしだ》慎太郎（現・オリックス育成コーチ）に一目置いていましたし、打率も青木の方が高かったり……。

その頃にはもう「自分は総合力で生きていくしかない」と覚悟を決めていたように思います。

それで、このままではダメだと奮起して、大学一年の冬頃から本格的にウエイトトレーニングを始めたわけです。

ウエイトトレーニングを始めるようになって、打撃面では変化を感じられるようになりました。練習では以前よりも遠くに飛ばせるようになり、バットとボールが当たる瞬間の「打感」の違いにも気づけました。二年春にリーグ史上最速タイで打率、本塁打、打点の三冠王も獲得できたことで、分かりやすく進化を実感することもできたのです。

一方で、守備力に関しては残念ながら、ダイレクトな影響を感じることができませんでした。

いくらウエイトトレーニングを続けても、急に遠投の距離が二〇メートルも伸びることはありません。もしかしたらダイビングキャッチで捕れる距離は伸びていたかもしれませんが、実際にダイブする場面などそう多くはないので実感も湧きません。

そもそも当時の私は守備力の向上にそこまで熱心だったわけでもありません。「こうすればうまくなれる」という方法も見つけられずにいたので、結局のところ、大学在学中はそこまで急激に守備力を高めることができませんでした。

◎――危機感を抱いた守備の調子の波

そんな選手だった私が初めて守備に対して本気で興味を持ち始めたのは、プロ入りして一、二年目のタイミングでした。きっかけは「あれ……自分には思っているほど守備力がないかもしれない」と抱いた危機感でした。

高校や大学の場合、公式戦は多くても週に二、三試合。足腰も常に元気な状態でプレーできて、いつだって思いきり投げられていました。それがプロに入って毎日試合があるとなった時、自分が下手くそであることに嫌でも気づかされたのです。

学生時代は毎日試合に出続ける機会はありませんでした。そもそも自分が打てようが打てまいが、試合の勝ち負けだけにフォーカスすれば問題ありませんでした。

それがプロ野球選手になった途端、日々試合に出続ける中で攻守ともに個人成績の数字に追われるわけです。

緊迫感と重圧に押しつぶされ、体力的なしんどさに精神的な疲労も加わる状況で、本来のパフォーマンスを披露できない試合が明らかに増えたのです。

週に一、二試合と毎日試合があるのとでは、体への負担が本当に大きく違っていました。普段であればもう一歩前に出られたゴロに対して足が出てこなくなったり……。そんなケースが一気に増えたのです。

プロ入り後、走攻守の中でもっとも苦労した部門を選べといわれれば、真っ先に「守備」と答えます。それぐらい、私は守備で壁にぶち当たりました。

守備は打撃と違って、自分自身に選択権があるプレーです。

打撃の場合はどんなに状態が良くても、いい当たりが相手守備陣の正面を突いたらアウトになることもあります。安打にできる確率も良くて三割程度です。

一方、守備はミスをして「相手のプレーが良かったから仕方がない」とはなりません。うまい選手であれば九割九分の確率で処理できるプレーを失敗してしまうと、どうしても目立ってしまいます。

当時の気持ちを思い返すと、アマチュアの世界では肩や脚力、スタミナといった各項目で五番目までには入れていたのに、プロに入った瞬間から一気に二〇番目、三〇番目まで落ちてしまった感覚。そうなると、自分がプロの世界で生き抜いていけるのか不安になるのも当たり前です。

守備が下手くそ。

それは走攻守の総合力で戦わなければならないはずの私にとって、致命的なウイークポイントになりかねません。そこまで実力のなさを痛感してようやく、私は守備に本腰を入れるようになったわけです。

プロ一年目、同じ遊撃ポジションには四歳上の藤本敦士《あつし》さん（現・阪神一軍内野守備走塁コーチ）がいました。藤本さんと自分を見比べると、藤本さんの守備にはスピード感があり、スムーズに映りました。見ていてスムーズに見えるのは、体を効率よく動かせている証拠でもあります。

一方の私は思いきり投げる肩の強さでは勝っていたかもしれませんが、二年目に試合に出続けるようになった頃にはもう、「『全力で走って捕って強く投げる』を繰り返していたら体が一年間もたない」と痛感していました。

プロでグラウンドに立ち続けて結果を出し続ける大変さを肌で感じたことで、「もし自分が試合に出続けられるようになれば価値があるのではないか」と新たな気づきを手にすることにもなりました。

◎——ベテランからの叱責

私が阪神に入団した頃、チームでは「鉄人」と呼ばれる大先輩、金本知憲さんが主軸を張っていました。

金本さんは後に世界記録となる一四九二試合連続フルイニング出場の真っただ中にいて、私がプロ一年目だった二〇〇四年シーズンには、左手首を骨折しながら右手一本で安打も放っていました。

そんな金本さんの姿を目の当《ま》たりにして、実際に自分も試合に出続ける大変さを知り、もっと守備についても考えないといけないと自問自答するようになったのです。

プロ二年目の二〇〇五年、私は人知れず極度の疲労や体の痛みに悩まされるようになりました。自分の守備力のマックスを一〇と考えた時、疲れが溜《た》まると五になったり、ガクッと状態が落ちて四になってしまうケースも目立ち始めました。

日々のパフォーマンスにそこまで差が出てしまうと、生き馬の目を抜くプロ野球界ではご飯を食べていけません。なんとか自分の最大値の八から一〇の間でプレーし続けるためには、一体どのように考え、どのようなトレーニングをして、体を動かしていかなければならないのか――。

あの頃、「このままでは生きていけない」と守備への意識をガラリと変えられていなければ、私のプロ野球人生は大きく後退していたように思います。

今では笑い話にもできますが、プロ入りして間もない数年間は諸先輩方から本当に厳しい言葉で叱られ続けました。

体の状態が悪いと、普段だったら余裕で追いつけるゴロを逆シングルでしか捕れなくなります。逆シングルで捕れていた打球も抜かれてしまいます。そんな日々を過ごす中、左腕のエース格だった下柳剛《つよし》さん、主軸中の主軸だった金本知憲《ともあき》さんたちからよく叱咤激励《しったげきれい》されたものです。

「オレが投げる時は試合に出るな」

「おまえ、今までレフトから見てきた中で一番下手なショートだぞ」

本当に厳しい言葉を浴び続けました。

ただ、先輩方がそう言いたくなる事情も自分なりには理解していました。

私がプロ一年目を迎えた二〇〇四年の前年となる二〇〇三年、阪神タイガースは実に十八年ぶりにセ・リーグ優勝を達成しています。このシーズンの正遊撃手は藤本敦士さんでした。藤本さんは二〇〇三年に一二七試合出場で打率三割〇分一厘の好成績を残し、二〇〇四年にはアテネ五輪の日本代表にも選ばれています。そんな実力者を二塁にコンバートしてまで、当時の岡田彰布監督（現・阪神一軍監督）はルーキーの自分をショートに据えようとしたのです。

岡田監督と私は早大の先輩後輩にあたる関係。その上、自分は守備が下手くそなのですから、「なんでおまえがショートを守るんだ」という声が四方八方から飛んでくるのも仕方がなかったのです。

とはいえ、私は先輩方からかけられた言葉の数々に対して、不必要に怒りや反発心を抱くことはありませんでした。

先輩方も何か意図があっての言葉だったはずです。もしかしたら「もっとうまくなってほしい」と親身になってくれていただけかもしれません。自分が下手くそであることは自分が一番理解していたので、「悔しかったらうまくなるしかない」という感覚でした。

そして何より、「いつかは大リーグでプレーしたい」という大目標があったから、どれだけ下手くそでも守備に拒否反応を示すことなく、前向きな向上心を持ち続けることができたのだと思います。

◎——心を支えたヤンキースタジアムの風景

初めて「アメリカでプレーしたい」と感じた瞬間は今でも覚えています。

あれは早大三年の夏、日米大学野球選手権の日本代表としてアメリカ遠征した際の休日でした。ニューヨーク・ヤンキースの本拠地だった旧ヤンキースタジアムでチームメイトとナイターを観戦した時、その雰囲気に魅了されたのです。

当時のヤンキースタジアムは内野席の上段が急勾配になっていました。私たちは最上段に近い席で観戦。高い位置から見渡した際の観客の一体感は今も目に焼きついて離れません。

ある場面でスタンドにファウルボールが飛んでいきました。すると、お客さんの多くが一斉にボールを捕りにいきました。

日本の球場の場合、食事に夢中になっていたりして、打球の行方に気づけなかったお客さんにボールが直撃してしまうケースがまれにあります。それがヤンキースタジアムだと、みんながみんな一球一球に集中しているイメージでした。そんな空気をすごく新鮮に感じて、「こういう舞台で野球ができたら幸せだろうな」と純粋に感じたのです。

その日以来、私は「日本のプロ野球で活躍する」という当初の目標にプラスする形で「メジャーに挑戦する」という大目標も胸に秘めるようになりました。

この夢がなかったら、守備力をもっと上げようと必死になれたかどうか分かりません。

プロ二年目の二〇〇五年、私は正遊撃手に定着し、初めてレギュラーシーズン全一四六試合に出場しました。チームは二年ぶりにセ・リーグ制覇を達成。自分自身も打撃面では打率二割七分八厘、九本塁打、五二打点となんとか及第点の成績を残せました。一方、遊撃守備では一〇失策を喫しました。

翌二〇〇六年は再び全一四六試合に出場して打率二割八分九厘、一五本塁打、五八打点。打撃面では数字を上げられましたが、遊撃守備ではリーグワーストの二一失策を喫してしまいました。

この頃にはもう、大リーグの名手たちの好守備が厳選されたスーパープレー集を教材に、「どうすればうまくなれるか」の研究をスタートさせていました。

◎——メジャーのプレーを観て、自分で試す

私はもともと指導者から教えられた通りに動く練習が苦手でした。

学生時代から数え切れないほど多くの指導者のもとで野球をさせてもらいましたが、教えてくれる人の感覚と自分の感覚とでギャップを感じるケースが多かったことも理由の一つです。

さらにいえば、たとえば「正面で捕れ」という指導一つにしても、「なぜ正面で捕る必要があるのか」「どう体を動かせば正面で捕れるのか」を説明してくれる指導者がほぼいなかったことも影響していたのかもしれません。

そもそも当時はプロ野球界全体として、「先輩から野球を教えてもらう」という風潮がそれほどありませんでした。だから藤本さんたち先輩勢から守備を教わろうという発想にも至らなかったのだと思います。

決して先輩たちと仲が悪かったわけではありません。ただ、人それぞれ骨格が違えば、体の強さも違うし、持っている感覚も違う。それならば、どうせ毎日のように失敗を受け入れないといけないのだから、後悔が生まれないように自分で学んで練習しようと考えるようになったのです。

大リーグのスーパープレー集については、最初は興味本位で見ていただけでした。そのうちに徐々に素朴な疑問がフツフツと湧き上がってきたところがスタートラインでした。同じ人間なのに、なぜメジャーリーガーの方が肩が強くてスピードもあるのか。骨格的なモノなのか、体の動かし方なのか。

「絶対に何か理由があるはずだ」と諦めなかった姿勢は、我ながら良かったのではないかと思います。もし「外国人は日本人よりも身体能力が高いから」で片付けてしまっていたら、成長の余地は生まれなかったわけですからね。

送球への入り方。骨盤の向き。ステップの仕方。「正面に入る」の定義の違い。ダイビングキャッチした後、起き上がってからの投げ方……。

体の使い方を細かくチェックして、翌日の練習で試す。「これはできるようになる」「これはどうあがいても無理」と判断して、モノにできると感じたプレーに関しては体に感覚を染み込ませていく。そんなふうに自分で守備の形を作っていく毎日を何年も続けました。

すると次第に、幼少期から耳にしてきた指導内容の中に正否があることにも気づき始めました。

◎――「正面で捕る」への疑問

たとえば「正面で捕る」です。

私が野球少年だった頃はまだ「正面でしっかり捕ってから強く投げなさい」という指導が一般的でした。逆シングルで捕ると「正面に入れたのに横着した」と叱られました。

「アウトを奪えたか否か」よりも「正面に入ったかどうか」ばかりがフォーカスされる指導には、子供ながらに違和感を覚えたものです。

一方、メジャーのスーパープレー集を見る限り、アメリカでは「絶対に正面に入れ」という考え方はなかったように感じます。

メインテーマは「アウトにするために、どう捕るか」。

どんな捕り方だろうと投げ方だろうと、アウトにすることが一番。そんな考え方が自分にはしっくりきたのです。

日本では「正面に入って、最悪はじいても前に落とせ」という教えが定番でした。なのに、メジャーの選手はなぜ正面に入ろうとしないのか？

素朴な疑問を突き詰めていくと、次第にカラクリが見えてきたわけです。

アウトにするためにプレーするのだから、正面に入るよりも投げやすい捕り方があれば、無理に正面に入る必要はない。

そんなシンプルな考え方が当時は本当に新鮮でした。

日本の場合、正面に入らない方が投げやすい打球に対しても、窮屈になりながら正面に入る選手は少なくありません。そこから頑張って投げるけれど、送球が弱くなってセーフになる。それでも「ナイスプレー」とたたえられるケースがオーソドックスだったりもします。

逆にメジャーでは「なぜ無理矢理投げにくい体勢で捕るの？」となります。

たとえば遊撃手が正面でゴロを捕りにいくと、右足のつま先はどうしても開いてしまいます。そこから一塁に送球するとなると、一度開いた右足のつま先を一塁方向に向け直す作業が必要になります。

一つひとつのプレーをこまめに分析していくと、日本人内野手のプレーは意外と「捕る」と「投げる」が別々になっていて、アウトを奪うという結論に直結していないなと気づき始めたわけです。

ならば、正面の打球に対しても右足のつま先を内側に入れて捕ってみようか。これまで正面で捕っていた打球も逆シングルの方が投げやすいかもしれない。

いつしか気になったプレーについて仮説を立てて、練習で試すようになっていました。三遊間への打球にしても、遊撃ポジションから捕りにいったら三塁や左翼方向に力が流れてしまうのは当然です。

この力の向きをコンマ一秒でも速くストップさせるにはどうすればいいのか？

そういった疑問に対して、メジャーのスーパープレー集も参考にしながら仮説を立てて、練習で試してみるのです。

その上で「これは外国人選手の骨格だからできるプレーで自分には無理だな」「これは練習すればできるかな」と、自分に合った形を探す作業を延々と続けていました。

一言で「打球」や「ゴロ」と表現しますが、まったく同じ打球など一球もありません。右打者と左打者によっても回転のかかり方が違いますし、同じ右打者でもタイプによって質が違います。

直前の打球と同じゴロなど飛んでこない中、足の指先の角度や膝の向き、体の角度やグラブの位置を微調整することで、まるで同じように簡単に捕っているように見せているのが、プロ野球界で生き残っている内野手たちです。

そんな厳しい世界で毎日試合に出続け、しかも結果を出すために、「下手くそ」だった私はただただ練習するしかありませんでした。

◎――アウトにするために逆算して考える

毎日休みなく一定のパフォーマンスを出し続けることに苦しんでいた当時、私が強く意識していたポイントは「いかに少ない力で同じパフォーマンスを出せるか」でした。

この課題を一つひとつクリアしていくためにも「力の向き」にはこだわりました。

たとえば今まで全身の筋肉を余すところなく使って切り返して投げていたプレーも、力の向きを少し変えるだけで切り返しの時間を短縮できるかもしれません。もし短縮できれば、その時間の分は走者が進む距離も短くなり、余裕を持って力感なく送球できるようになります。

仮にレギュラーシーズンが一四三試合の場合、一試合でゴロを三球さばけば、年間トータルで四二九球になります。この四二九球を全力で投げ続けると、肩がもたなくなるし体も悲鳴を上げてしまいます。ですが、一球一球のゴロ送球を以前の半分の力で投げられるようになれば、残った体力を打撃や走塁に回すこともできます。

そうしたメリットに気づいたことで、私は野球界の慣例にこだわらなくなりました。どうすれば少ない力で同じパフォーマンスを出せるのか。どうすればアウトにする確率を高められるのか。メジャーのスーパープレー集を参考にしながら日々、自問自答を繰り返すようになったのです。

練習で試していたプレーを実際に試合でやり始めると、私のもとには否定的な声も届くようになりました。

ただ捕るだけでなく送球してアウトを奪うために、わざと正面に入らず逆シングルで捕球したとします。すると、その度に周りの人たちから本気で怒られ、先輩から嫌な顔をされるようになったのです。

それでも私は信念を曲げませんでした。

必死で正面に入ったけれどアウトにできなければ、もしかしたら「懸命なプレーだったな」と見栄えは良くなるかもしれません。ただ、それは自分が考えるベストプレーではありません。

あくまで「アウトを奪う」という結論に向けて逆算して、その時々で最善の形を追求したかったのです。

◎——ダイビングは時に不必要

ダイビングキャッチにしても考え方は同じでした。

ダイビングキャッチは場面によっては非常に有効です。走者が二塁にいるケースではダイビングして打球を止めるだけでも、走者の本塁生還を防ぐことができます。

ただ、走者なしの場合、たとえダイビングキャッチをしたところで絶対にアウトを奪えない打球もありました。私はそんな打球に対しては、無駄にダイブせずに外野手に任せる方法も有りだと考えています。もしダイビングキャッチを試みて打球をはじいてしまえば、結果的に二塁打にしてしまうパターンもあるからです。

もちろん、野手は投手の心情も考えてプレーしなければなりません。

たとえアウトにできなくてもダイビングキャッチを試みるだけで、投手は「必死で飛び込んでくれた」と前向きな気持ちになれるかもしれません。

試合中のプレーはいつだってケースバイケースで、「絶対にこれが正しい」と言い切れるものではありません。

ただ、私は少なくとも「どうすれば見栄えがいいか」よりも「どうすればチームのためになるか」を追求して守備力向上にも取り組んできたつもりです。その時々の空気感や常識を冷静に疑ってみることも、成長するためには大切な要素の一つではないかと、私は今あらためて感じています。

先ほど例に出した「正面で捕れ」という指導に関しても、そもそも「正面で捕る」という定義は何なのか、という話です。

普通に考えれば、打球が飛んでくる際、最初から真正面で待ち構えていたら距離感が分かりづらくなってしまいます。だから少し横を向いたり半身になったりすることで、距離感をつかみにかかるわけです。それで最後は投げやすい体勢にするため、体の正面に入っていく。根本的な考え方はただそれだけのことです。

それなのに「正面」という言葉ばかりが一人歩きしてしまうから厄介《やっかい》なのです。最初から正面でボールを待とうとしてしまうから、距離感は分からなくなるし、足も動かなくなってしまうのです。

具体的に現役選手の名前を挙げると、阪神の佐藤輝明選手も以前は三塁守備でそのようなケースがたまに見られました。

打球に対して先に正面に入ってしまうことで、足が動かなくなってしまう。結果、足のステップもうまくいかず、「捕る」と「投げる」が一連の動作にならず、バラバラになってしまうわけです。

これは現役時代の私も含めて三塁手が陥ってしまいがちなパターンでもあります。

佐藤選手はもともとハンドリングに長《た》けた選手でもあります。正面に入るタイミングを少しズラすことができれば、守備力がさらに改善される可能性は十分あると感じています。

ちなみに読者の皆さんは「正面で捕る」と聞けば、ほとんどの方は胸が本塁側に向いている体勢をイメージするのではないでしょうか。もちろんこの体勢が一般的に言われる「正面」で間違いありません。ですが、私の考え方では「正面で捕る」という形は決してこの一パターンだけではありません。

たとえば遊撃手が二遊間の打球をキャッチした時、胸の方向も二遊間側を向いていれば、それは「正面で捕れた」と考えます。一方、三遊間の打球を逆シングルで捕球したとしても、胸も同じ三遊間側に向いていれば、これも「正面で捕れた」と表現できます。

この考え方で見れば、かつて「ちゃんと正面に入らないか！」と指摘されてきた体勢もグラブの向きが違うだけで、実は正面で捕球できていたというケースが一気に増えます。

私が考える「正面」で打球を捕れていれば、自然と送球に移りやすくなります。

逆に二遊間の打球や三遊間への打球を捕球するのに胸が本塁側を向いたままだと、それは正面捕球ではなくなります。こうなると体とグラブの距離が離れてしまい、結局はボールを投げづらくなってしまいます。

だからこそ、まずは「正面で捕る」という定義をしっかり把握することが大事になります。この考え方を理解できれば、あとはどんな打球に対しても体の向きを変えて、正面捕球から投げる練習を繰り返せばいいのです。

少し話はそれますが、「正面で捕れ」という教え方は、打撃指導の際に昔よく言われた「上からたたけ」という教え方とも似ているように感じます。

かつては並みいる強打者の方々が「上からたたく」という表現をされていました。ただ、世界記録の八六八本塁打を誇る元巨人の王貞治さん（現・ソフトバンク球団会長兼特別チームアドバイザー）のスイングを勉強させてもらっても、決して言葉通りにバットを上から振り下ろしているわけではありません。どんなスラッガーの皆さんも、あくまで上からたたくイメージでスイングをしていただけなのだと想像します。

「正面で捕れ」という指導もそれと同じで、受け取る側がどれだけ言葉の本質を突き詰められるかが大事になってきます。

そういう観点で見れば、私の場合は人から言われたことを鵜呑《うの》みにせず、まずは自分で考えて練習してみるというスタイルに助けられた部分も大きかったのかなと思います。

常に自分で考え続けてきた材料が引き出しの中にたくさんあれば、誰かを指導する際も自分の言葉で論理的に伝えられるものです。

◎——脱力することで近くに落とす

私はロッテに在籍していた二〇二一年限りで現役を引退した後、社会人チームの強豪でもあるパナソニックのコーチ、阪神のキャンプ臨時コーチを経験させてもらっています。

阪神で初めて臨時コーチを任された二〇二三年二月の沖縄・宜野座《ぎのざ》キャンプ中に伝えた「脱力」というテーマも、今振り返れば、甲子園を本拠地にしていた自分にとっては非常に現実的な考え方だったように思います。

前章で触れた「脱力」は現役時代に試行錯誤した末にたどり着いた技術の一つです。

何度もいうように、甲子園は内野部分が黒土です。芝ではないため、掘られ具合など土の状況によって頻繁にイレギュラーが発生する球場でもあります。そんなホームグラウンドで

「すべて完璧に捕って投げる」と自分を追い込みすぎると、さらにミスが増えてしまう危険性があります。

そこで私が行き着いた考え方が、前述したように「すべて完璧に捕る」ではなく「仮に打球をはじいてしまった時、いかに自分の近くにボールを落とせるか」でした。

ベストではなくベターでもいいから、アウトを奪える確率を少しでも上げたかったのです。

試行錯誤の末、私が導き出した結論は「自分が柔らかくなればいい」でした。

たとえばボールは木の板にぶつかった時、遠くにはじかれていきます。逆にスポンジに当たった場合、勢いは吸収されて遠くに転がりません。

ゴロをはじいてしまった五球のうち、三球だけでも足元に落としてアウトにできれば、エラーを三個減らすことができる。ならば自分がスポンジに近づけばいい、と考えたのです。

ただ、人間は打球がイレギュラーした際など「マズイ」と焦った時、必ずといっていいほど体に力が入ってしまう生き物でもあります。そんな瞬間にも力を抜くテクニックは相当に至難《しなん》の業《わざ》です。

ボールを捕球する時、手に力が入る。手に力が入りながら、体全体の力を抜く。これは口で言うほど簡単な作業ではありません。

スピード感にしても、ただ単にすべての筋肉の力を抜いてしまえば、動きは遅くなってしまいます。体の部位によって力の強弱をつける必要があり、これが本当に難しいのです。よく「脱力のコツを教えてください」とお願いされますが、こればかりは日頃の守備練習から意識を体に染み込ませて、ベストなバランスを探し出す他に策はありません。

私自身、かれこれ七、八年は練習し続けて、やっと身についた技術の一つ。「脱力」がようやく形になった頃、私はやっと守備にも自信を持てるようになった気がします。自信と数字はリンクするものです。

確認してみると、私が初めてシーズン失策数を一桁台に減らせたのはプロ六年目、二〇〇九年のことでした。七失策だったこのシーズンから六年間で計五度の一桁失策を達成。プロ十年目の二〇一三年には自己最少の四失策を記録しています。

当時は本気でシーズンゼロ失策を目指していたので満足感はそこまでありませんでしたが、今振り返ってみれば、土のグラウンドを本拠地とした遊撃手としては誇れる数字だと多少は納得してもいいのかもしれませんね。

◎──守備は練習すればうまくなる

誤解のないように補足させてもらえば、私はプロ野球選手の中では決して身体能力が高いプレーヤーではありませんでした。

メジャーのスーパープレー集をどれだけ真似しようとしても、最後まで実現できなかったプレーの数は数えきれません。

それでも仮にリスト（手首）の強さにどうしても差が出てしまうのであれば、足のステップでカバーできないかと考えたり、最後まで諦めずに試行錯誤を続けたから、少しずつでも守備を上達させられたのでしょう。

特に若い頃は「いつかはメジャーリーガーと勝負するんだ」という大目標が自分自身を支えてくれていたのだと思い返します。

当時はなかなか簡単にはできないプレーでも、とにかく日頃から脳内でイメージだけは繰り返していました。

たとえば体の回転が必要になるようなビッグプレーにしても、イメージすらできていなければ、試合で体現することは不可能です。

逆に練習で挑戦してイメージだけでもできていれば、試合でとっさの判断をしなければならない瞬間に「回転する」という選択肢が生まれます。

それがたとえプロ野球人生で一〇回チャンスがあるかどうかぐらいのプレーだとしても、

そのうちの一回をアウトにできれば、歴史に残るスーパープレーになるかもしれません。

そう考えれば、毎日のキツい練習にも耐えることができました。


もちろん、どうあがいても身体能力でかなわないプレーヤーも存在しました。メジャーのスーパープレー集を見ていた時期は往年の名遊撃手、オジー・スミス選手の超絶プレーに何度となく目を丸くしました。二遊間にダイブしながら、イレギュラーで三遊間側に大きく跳ねた打球を素手の右手でキャッチしたり……。

日本球界も含めて、身体能力の高さをうらやましく感じた選手を挙げればキリがないぐらいです。

同時期にプレーした先輩後輩でいえば、ロッテなどで活躍された小坂誠さん（現・ロッテ守備コーディネーター）や阪神時代にチームメイトだった西岡剛《つよし》（現・九州アジアリーグ・北九州下関フェニックスの総監督）は身体能力が高いプレーヤーでした。

一方、元ヤクルトの宮本慎也さんや元中日、巨人の井端弘和《いばたひろかず》さん（現・侍ジャパン監督）は身体能力というよりは、純粋に野球、守備がうまい方々でした。

私は身体能力がそこまで高くなかったため、宮本さんや井端さんの背中を追い続けていました。

そう考えれば、西武の源田壮亮《そうすけ》選手なんかは身体能力が高い上に野球もうまくて、現役プレーヤーの中ではもっとも守備力の高い選手といえるでしょうね。ハンドリングもうまいし、誰が見ても一連の動作に違和感を覚えない〝一体感〟に何より魅力を感じます。

捕球技術や肩の強さだけを見れば、素晴らしい選手は数多くいます。ただ、捕る動作と投げる動作があれほどきれいに流れていく選手は、源田選手の他になかなか見当たりません。本当に上手な選手だと感じます。

こんなふうにあらためて多くの名選手たちのプレーを脳裏によみがえらせると、柄にもなく感慨深くなってしまいます。

プロ入り当初はあれだけ下手くそだった自分がこれだけの猛者たちと戦いながら、現役十八年間で計五回もゴールデン・グラブ賞に選んでもらえたのです。

だからこそ今、指導相手の選手たちには自信を持って伝えられます。

守備は練習すれば必ずうまくなる――。

これは私の実体験に基づく信念なのです。

第 3 章

ミスを分析して改善する

◎——細分化して、ミスの傾向と理由を突き詰める

どんな名手にもミスはあります。特にまだ経験の浅い若手ならなおさらです。ミスの内容と傾向を分析できるか否か。

人は意外に自分のことは見えていないものなので、失敗して初めて気づくことも多いのではないでしょうか。

たとえば書類の不備があったとします。その原因を探れば、前日にお酒を飲んだ時にこんなミスが出てしまっているなとか、自分の傾向が出てきます。

エラーなんかも、かみ砕いて原因を探っていくと、意外とヒントが隠されているものです。

「あっ、自分は消極的になった時にエラーが出ているな」

「思いきりすぎた時にエラーが出るけど、あの場面は一歩引いても良かったな」

そんなふうに内容を見られれば、また対処の仕方も変わってきます。

「次もエラーしたらどうしよう」とビクビクするのではなく、次の日はそのエラーを頭で描きながら練習して、マイナスの部分を取り除いていく。そうすれば、エラーの質も変わって

きます。

つまり、分析する時に大切なのは、自分の「ミスの傾向を知る」ことなのです。

一言で失策といっても、捕球時か送球時かで内容は大きく変わってきます。送球エラーにしても、スローイングに問題があるのではなくステップに問題があるのかもしれません。それらを知るためには「自分の傾向を知る」ことに合わせて、自分の一連の動きを動画撮影するなどして細分化してみるのも良いでしょう。それと同時に、自分がどのような場面で失策しやすいのか、傾向を知ることも大切です。

走者が塁上にいない時は落ち着いて一塁ベースに送球してアウトにできるのに、塁上に走者がいたり、自分が失策を犯せば得点に結びついてしまう場面ではエラーしてしまう。そんな傾向を知れば、対処法も見えてくるはずです。

私は「エラーの多さ自体は大した問題じゃない」と考えています。阪神タイガースは二〇二三年シーズンの失策数は八五で前年とほぼ同じ数字でした。どうしても分かりやすい数字ばかりが取り上げられてしまいがちですが、その内容には注目すべきポイントがありました。それはエラーをする場面の変化です。

大差がついた展開での2死走者なしなのか、接戦での先頭打者なのか、無死一塁なのか、それとも2死三塁でしてしまったモノなのか。

たとえばチーム全体で四〇失策しかしていなくても、その四〇個すべてが致命的なエラーになると厳しくなります。一方で八〇失策していても、致命的なエラーが四〇個よりだいぶ少なかったら、先に話したチームよりも勝ちを拾っていけるかもしれません。

試合の勝ち負けに直結するエラーをどれだけ減らせるか。そこが重要なのです。

二〇二三年シーズンは一点差ゲームの勝利が前年から劇的に増えて優勝の要因になったことからも、タイムリーエラーは少なくなったといえるでしょう。

一方、二〇二四年シーズンは再び手痛い失策が増えた印象を持つファンも多いだろうと思います。

では、なぜ阪神守備陣は練習を積み重ねてうまくなりながら、またミスが増えてきたのか。

ミスの原因と傾向を分析すれば、自分たちの現在地が見えてきます。

◎――二遊間目線の岡田監督

阪神は二〇二三年シーズンで十八年ぶりのセ・リーグ優勝を達成し、実に三十八年ぶりの日本一にも輝きました。二〇二二年オフに岡田彰布監督が再登板してからチームの方針や雰囲気がガラリと変わったのは、読者の皆さんもよく知るところではないでしょうか。

私はプロ一年目だった二〇〇四年から二〇〇八年までの五年間、岡田監督のもとでプレーさせてもらいました。なので、それなりに岡田監督の考え方は把握しているつもりです。個人的には岡田監督の野球のベースは前回監督時も今回も大きく変わってはいないと感じます。昨季もやはり投手力を中心とした守りの野球からチームを頂点に導いていました。

岡田監督は元二塁手で、もともと守備力を非常に重視する監督です。

打撃の場合、好打者でも打てる確率は三割前後。一方、守備でエラーをしない確率はどれだけ下手な選手でも九割を超えてきます。岡田監督が打撃よりも守りを信用するのは理にかなった考え方といえます。

多くの監督がどうしても「勝ちたい、勝ちたい」となる中、岡田監督はずっと〇点に抑え続ければ少なくとも負けない、という考え方。「負けない野球」を突き詰めていく中で、守備力の向上は優勝に向けて欠かせない要素の一つなのだと思います。

再び阪神の監督に就任した直後の二〇二二年十一月の高知秋季キャンプ、二〇二三年二月の沖縄春季キャンプでは早速、「外野手は必ずカットマンの内野手に送球する」という練習を徹底させていました。この決めごともミスを減らして相手走者の無駄な進塁を防ぐ、という意味では非常に効果的だったと感じます。

たとえば本塁返球にしても、外野手がカットマンを通さなければ、送球の距離は当然長くなります。距離が長くなればなるほど、ズレが生じやすくなるのは説明するまでもありません。それと同時に、カットマンを経由しなければ送球は必然的に高くなります。誰も触らない時間が長くなるので、刺そうと狙う相手ではない他の走者の進塁を許す確率も上がってしまいます。

そんな無駄なミスを消していく作業から入ったのも、岡田監督らしいスタートだったといえます。


阪神の守備陣は岡田監督が就任する直前の二〇二二年まで、五年連続で両リーグワースト失策を喫していました。そこで岡田監督は早速、ミスが増える要因を冷静に分析して改善に入ったのだと思います。野球評論家として長年にわたってチーム状況をつぶさにチェックしていたので、おそらく「ここを改善すればいいのに」というポイントに数多く気づいていたのでしょう。

外野手からカットマンに返球されるのだから、カットマンとして長い距離を投げる遊撃手には強肩の選手を起用する。前年まで遊撃レギュラーだった中野拓夢選手にしても、テレビ解説者時代から浅めのポジショニングを見抜いた上で、送球に不安があると判断して早々に二塁へコンバートする。適材適所で守備力を強化していったことで、二〇二三年の阪神は徐々に安定感のあるチームに変貌を遂げていきました。

岡田監督は元二塁手なので、守備に対する視点も二遊間目線になります。

解説者としてゲームを見ていた時の視点も投手出身や外野手出身の方々とは違っていて、二遊間目線で「何をしたら相手を楽にしてしまうか」「何をすれば相手を嫌がらせられるか」に気を配っていた印象があります。

たとえば内野ゴロの併殺崩れもそうです。岡田監督は二塁手だった現役時代、併殺崩れから点数を取られた経験を数多くしてきたのだと思います。だから今、併殺崩れをできる限り減らしたいと考えているのでしょう。

外野からカットマンへの返球の徹底にしても、外野手がノーカットで送球する間に無駄な進塁を許して、個人的に悔しい思いをした回数が多かったから、監督になってから徹底しているのだと思います。

三塁に走者がいて内野手が前進守備を敷いていないのに打者が三振すると怒るのも、「ゴロを転がされるだけでも嫌なのにな」という二遊間目線があるのだと感じます。そういったミスを未然に防ぐための意識を徹底させることも監督の仕事、という感覚もあるのではないでしょうか。

◎――二遊間固定で併殺崩れを減らす

「二遊間の固定」を重視する点も元二塁手の監督ならではだと感じます。

併殺崩れをなんとか減らそうと考えた時、二遊間の固定は絶対に欠かせない要素の一つとなります。〇コンマ一秒でアウトとセーフがひっくり返る世界では、あうんの呼吸が何よりモノを言うからです。

もし両方の固定が難しいチーム状況だとしても、どちらか一人を固定するだけでも二遊間のコンビネーションは大幅に良化されます。だから岡田監督は固定にこだわったのだと想像します。

併殺プレー一つを取っても、相手によって投げやすい角度や捕りやすい場所、タイミングはそれぞれ違います。そういったコンビネーションは毎日練習して話し合って地道に高めていくしか策はありません。

二塁手が捕球して遊撃手が二塁ベースに入る「四→六→三」の併殺プレーを狙う際も、各二塁手によって送球の特徴は違います。

私が現役時代に遊撃手としてコンビを組んだ先輩後輩で紹介すれば、関本賢太郎さんの場合はそこまで強いボールを投げてこないから、遊撃手である私は強く速く二塁ベース上に入ることになります。

平野恵一さん（現・台湾・中信兄弟監督）の場合は、二塁手から見て右側に抜けるボールはほとんどないのですが、左側に引っかかる送球があるので、そんなボールには注意を払っていました。

一方、藤本敦士さんの場合は引っかかるボールはなく、抜け球がたまにあった印象があります。

早大の後輩でもある上本博紀（現・阪神二軍野手コーチ）は腕の位置が下から出てくるので、低めに来る確率は低い分、浮き球や左右のブレに注意しながら二塁ベースに入っていました。

遊撃手が捕球して二塁手が二塁ベースに入る「六→四→三」の場合、藤本さんは捕球したその場で投げたいタイプなので、遊撃手から見て二塁手の体の左側に投げる形を選んでいました。関本さんは正面捕球を好みます。

平野さんは捕球後、前にステップをしていきたいから高めに投げた方がいい。上本は低い位置から横手投げするタイプだから、低めに投げてあげた方が一塁送球をしやすかったりします。

トスを選択する距離だって、人それぞれ違います。この距離だったらA選手はトスをしてくるけど、B選手だったら投げてくる。C選手はバックハンドトスの可能性もある。

そういった細かい部分を意識しながら、相手によって高さやコースを投げ分けたり、二塁ベースに入るスピードにも強弱をつけたりしていました。

人の傾向を把握しておけば、相手のちょっとしたミスをカバーできる可能性も高くなります。併殺のスピードを〇コンマ一秒早めるだけでもアウトにできる確率は格段にアップするので、コンビネーションの向上は二遊間のレベルアップには欠かせない要素の一つといえるのです。

打球に対して突っ込んで捕りにいった時はシュート回転して抜けやすいとか、送球だって本当に人それぞれです。

見ている方々からしたら何気なく終わった併殺プレーにしても、「ちょっと送球が抜けちゃったけれどカバーしてくれてありがとう」といった具合に、実はフォローしあっているケースも決して少なくありません。

それほど繊細なコンビネーションを必要とするポジションだから、岡田監督は真っ先に二遊間の固定に着手したのでしょう。

コンビネーションという観点で見れば、阪神の二遊間は二〇二三年シーズンの一年間で一気に成長したように感じます。遊撃手に木浪聖也《きなみせいや》選手、二塁手に中野拓夢選手とペアが固定されたことで、あうんの呼吸が徐々にできあがりつつあるのでしょう。

もともと外から見ている限り、スムーズにプレーできているコンビではありました。ただ、二遊間のコンビネーションは周りからどう見えようと、二人の感覚がすべてです。併殺プレー一〇〇回のうち「えっ」と違和感を覚えるケースが三回あったところを二回にできれば、二人にとっては進歩となるのです。

聞けば、中野選手は二〇二四年シーズン開幕の直前、木浪選手とのコンビネーションについて「今はアイコンタクトだけでも何を求めているか分かるようになってきた」と語っていきたそうです。この領域に達すると、コンビネーションプレーは一気にレベルアップしていきます。

たとえば無死あるいは1死で一、三塁のピンチを迎えた場面で、二盗や投ゴロに対してどちらが二塁ベースに入るのか。パッと目が合った瞬間に「あっ、自分だな」と理解できるようになれば上々です。

長年にわたってコンビネーションを深めていけば、二遊間の相手だけでなく、投手ともアイコンタクトで意思疎通できるようになるものです。

ある試合で走者が二塁にいた時、マウンド上の藤川球児さんと目が合いました。もともとは牽制《けんせい》球がくる場合は二塁手が二塁ベースに入るサインでしたが、「なんか牽制してきそうだな」と感じ、遊撃手の私がとっさに二塁ベース上に入って走者を刺したことがありました。

そのような「あうんの呼吸」がきっと木浪選手と中野選手の間にも生まれ始めているのでしょう。

大飛球で外野の間を抜かれた時、目が合って少し首を動かしただけで、どちらがカットマンになるのかの判断を共有できる。そういった関係性ができあがりつつあるのかもしれません。

◎——なぜキャンプでトスを教えたのか

私自身、二人のコンビネーションがレベルアップしていることには二〇二三年終盤から気づいていました。そこで二年連続二度目のキャンプ臨時コーチを依頼された二〇二四年二月、指導のレベルを一段階上げさせてもらいました。

テレビや新聞などでも報道されたのでご存じの方もいるかもしれませんが、「トス」についても細かく話をさせてもらったのです。

木浪選手は併殺プレーを狙って二塁ベース上にトスをする際、手だけで渡そうとするからボールに回転がかかってしまっていました。ただ、捕る側からすれば、ボールに回転がかかっていると差し込まれて捕りづらい。そこで「もっと体全体を使って手のひらでトスをすれば、相手も捕りやすくなるよ」と伝えました。

一方、中野選手にはトスのタイミングをもっと早められると感じていました。なので、「右足が地面に着いてからトスするのではなく、着くと同時にボールを離す」といったイメージを共有させてもらいました。

「トス」は遠目には簡単に見えますが、実は奥が深いプレーだったりもします。

なぜ木浪選手に「手のひらで」と伝えたかというと、指先でボールに回転をかけてしまった場合、ミスにつながる確率が高くなってしまうからです。

指先を使うと、少しでもボール離れのタイミングにズレが生じるだけで、上に引っかけたり下に転がってしまう可能性が出てしまいます。それが体全体を使って手のひらでボールを運べば、トスの強弱や方向によるズレが出にくくなるわけです。

ボウリングをイメージすれば分かりやすいかもしれません。

ボウリングの球に回転をかけずに投げようとすれば、力いっぱい全身を使って転がさなければなりません。一方、全身を使わずに手だけで転がした場合、球に回転はつきますが、左右にズレる確率が高くなると思いませんか?

私は現役時代、トスをボウリングと同じような理論で考えて練習を続けてきました。

もちろん、木浪選手と中野選手の二人はともに二〇二三年シーズンにゴールデン・グラブ賞を初受賞した守備力の持ち主です。すでに自分たちで作り上げた形もあるはずです。

私の指導がすべて正しいとも限らないし、合う合わないもあると思うので、彼らが私のアドバイスを取り入れているかどうかは分かりません。とはいえ、相手が捕りやすい送球、トスやスピード感についても、二人がこれからも貪欲《どんよく》に突き詰めてくれることは間違いないでしょう。二人のコンビネーションは今後さらに進化していくだろうと予想します。

一方でチーム全体を見渡せば、阪神守備陣は有事にも備えておかなければなりません。二〇二四年シーズンでは木浪選手が六月十五日のソフトバンク戦（みずほPａｙPａｙドーム）で死球を受け、左肩甲骨骨折と診断されて翌十六日に出場選手登録を抹消されました。十六日のソフトバンク戦では小幡竜平選手が遊撃ポジションに入ったのですが、併殺プレーを狙う際に二塁ベース上で二塁手の中野選手と交錯する場面もありました。

時間に限りがあるのは百も承知の上ですが、チーム力の底上げという観点で考えれば、木浪選手と中野選手の他のペアのコンビネーションも高めておく必要がありそうです。

◎——スムーズになった木浪選手、力を抜けばいい中野選手

私が初めて阪神キャンプで臨時コーチを務めたのが二〇二三年二月の沖縄になります。それから二度目の臨時コーチを任された二〇二四年二月までの一年間で、木浪選手も中野選手も本当にレベルアップしました。

これは他の選手にも言えることですが、一年間練習して優勝して日本一にもなったことで、守備面でもだいぶ自信がついてきたのだと思います。

だから二度目の臨時コーチ期間は段階を一つ二つ上げた話をさせてもらったのですが、それは二人とも個々人の守備力もしっかり上げてくれていたからに他なりません。

木浪選手は力の加減が一気に良くなりました。

本人が取材で答えていた話を聞くと、もともとは「緊張しい」らしく、試合になると体が固まって簡単な打球もミスしてしまっていたそうです。そこで私が一度目の臨時コーチ期間中に紹介した「脱力」を意識するようになって、守備力を改善できたと言っていたようです。

ただ単に私に気を遣ってくれてのコメントだったのかもしれませんが、もし少しでもレベルアップの手助けをできたのであれば、こんなにうれしいことはありません。木浪選手は実際、守備力が高い選手ならではのスムーズで違和感のないプレーが格段に増えている印象です。

一方の中野選手はどちらかといえば、身体能力の高さが売りのプレーヤー。あまり細かな動きを意識しすぎると、体が動かなくなるデメリットが出てきてしまいます。彼の場合はとにかく力を抜く意識さえ持てていれば、上手にプレーできる選手だといえます。

とはいえ、「脱力」は口で言うのは簡単でも、実際に思った通りに体現できるようになるまでには長い年月がかかります。まずは練習中の守備からとにかく「力を抜いて捕って投げる」という流れを地道に積み重ねることが大事です。

中野選手に関しては、二塁コンバートは大正解だったように感じます。

私も遊撃手と二塁手のどちらも経験していますが、この二つのポジションは動きが逆になります。もともと遊撃手が本職だったこともあって、初めて本格的に二塁を練習した時はだいぶ違和感があった記憶があります。

当然、グラウンドの左側にいたところから右側に移るわけで、打球の見え方が逆になります。さらに細かい部分を説明すると、体を縦に使うか横に使うか、という点でも大きな違いがありました。たとえば二塁手は二遊間の打球を捕ってから一塁送球する際、体を横回転させて投げます。一方、遊撃手は腕を縦に振って送球するケースが大半です。

私の場合、体を縦に使うのは得意だったのですが、横に使うのは苦手でした。だから体を縦に使う遊撃手、三塁手が向いていたのだと思います。

逆に中野選手は体や腕の使い方が横回転なので、遊撃手より二塁手の方が向いているわけです。プロ三年目という早い段階で得意なポジションにコンバートしてもらえたことで、中野選手の野球人生は一気に道が開けたのではないでしょうか。

木浪選手にしても中野選手にしてものみ込みが非常に早い選手。現役時代の私が五年十年かけて作り上げたモノを、すでに短い期間で習得し始めているような気もします。

自分が長い時間をかけて得た技術をいとも簡単に習得されると「少し悔しいです」と冗談めかしたくもなりますが、自分が独学で作り上げた形をもし後輩が受け継いでくれるのであれば、これからも喜んで知識を伝えていきたいと思っています。

◎――佐藤輝明選手の守備力には伸びしろがある

次は注目度の高い佐藤輝明選手の守備力についても話をさせてもらいましょうか。

皆さんはどう思われているか分かりませんが、佐藤選手は実は器用な選手です。手先の動かし方もグラブさばきも本当に器用です。ハンドリングが上手なので、難しい打球も華麗に処理してしまえるだけの能力の持ち主でもあります。ただ、決して守備が下手なわけではないのに、二〇二三年はチームワーストの二〇失策を喫してしまっています。

ではなぜ佐藤選手はミスをしてしまいがちなのでしょうか？

私は下半身の動かし方に原因があるのではないかと考えました。

キャンプの臨時コーチとして阪神沖縄キャンプを訪問した二〇二四年二月、私は佐藤選手の特守にじっくり付き合わせてもらいました。一日目は捕球時に体が引く形になってしまっていると感じ、捕球から送球までの流れを連動させるためにも、投げやすい形で捕れるように打球への入り方を修正してもらおうと考えました。ただ、この日は私の力不足もあってなかなか変化をもたらせませんでした。そこで再びマンツーマンで指導させてもらえた三日目は、手で転がしたボールに対するステップの踏み方に時間を費やしました。

最後に基礎中の基礎に見える練習を選んだため、「レベルを下げざるを得なかったのか？」といった質問も受けましたが、決してそういうわけではありません。

下半身の動かし方があまり得意でないと感じたので、まずはステップの感覚をつかんでもらおうと考えただけだったのです。

下半身を器用に動かせるかどうかは、内野手にとって非常に重要なポイントでもあります。

現在、レギュラーシーズンは計一四三試合。プロ入り直後の私もそうでしたが、この一四三試合すべてで一〇〇パーセントの全力を出し切っていたら、間違いなく体は一年間もちません。少しでも体の疲労を減らしていくためにも、余すところなく下半身を使い切らなければなりません。

人は上半身よりも下半身の方が力をうまく使えるし、力を伝えやすい生き物です。上半身より下半身の方が筋肉、関節が大きいからです。

下半身をうまく使えている選手はプレーの再現性が高くなります。逆に上半身だけに頼った動きを続けていると、パフォーマンスを下げる確率が上がってしまいます。

二〇二四年のシーズン序盤、佐藤選手が三塁線のゴロを捕った後、一塁にショートバウンド送球してしまう場面がありました。おそらく本人はノーバウンドで投げたつもりだったのでしょう。ですが、上半身に疲労が溜まっている中で下半身を使って投げられていないから、思うようなボールが投げられなかったのだと想像します。

佐藤選手は守備面でも打撃面でも好調時と不調時で差が出てしまいがちなプレーヤーでもあります。これは下半身をうまく使って再現性を高められていないからかもしれません。もし下半身をもう少し器用に使えるようになれば、今まで以上に不調の期間を短くすることも十分に可能ではないかと感じています。

私が佐藤選手にステップに関する守備練習を反復してもらった理由も、実はそこにあります。下半身をもう少し器用に使えるようにすることで、少しでも再現性を高めてほしかったのです。

上半身だけに頼っていたら一〇回のうち三回しかアウトにできなかったプレーも、下半身をきちんと使えば五回アウトにできるかもしれません。この課題に対して、むしろ伸びしろを感じているわけです。

野球経験者の方にとって当たり前の話になりますが、ゴロ捕球から送球までの動きは以下の流れになります。

グラブでボールを捕る。グラブを持ち上げる。ボールを利き手に持ちかえる。利き腕で投げる。

この流れだけを聞けば、上半身の動きばかりにも思えますが、実際は下半身の動きがすべての作業を支えています。打球に対してグラブを出しにいくのではなく、足を捕球位置に運ぶ。「手で捕る」のではなく「足で捕る」ことが非常に重要で、名手と呼ばれる選手の大半は「足で捕る」ことができています。

それだけ下半身、足を器用に使えるかどうかは一四三試合を戦い抜く上で、内野手の守備力を左右するのです。

もちろん、今まで上半身主導で守っていた選手が下半身主導の動きを身につけるまでには、相当な時間と意識改革が必要になります。それでも佐藤選手には足を使った三塁守備練習だけは地道に継続してほしいものです。誰もが認める、タイガースの未来を背負うべきプレーヤー。打撃のみならず守備でもチームを引っ張る選手になれると信じているからです。守備練習から足でリズムを取れるようになれば、打撃の際も自然と足でタイミングが取れるようになる可能性があります。

下半身主導の守備練習には、攻守ともにプラス材料しかありません。長く「タイガースの顔」であり続けるためにも、佐藤選手がこれからもステップの踏み方を反復するなどの基礎練習を大切にし続けてくれることを願ってやみません。

◎——集中力の欠如を防ぐ方法を探す

一方でこれは佐藤選手に限った話ではありませんが、プロ野球選手は打席に立った直後に守備に入る際の気持ちの切り替えが大事だったりもします。

たとえば三塁手が一ゴロで三アウトになったとしましょう。通常の流れでいえば、この選手は一塁ベース付近で待ち、ベンチから守備位置に向かう他の選手からグラブと帽子を渡されて、ポジションに就きます。その直後、いきなり三塁に打球が飛んできた時、完全に気持ちを守備に切り替えられているか否かで、ミスの確率は大きく上下します。

もちろん、誰だって試合中に一瞬たりとも集中力を切らさずプレーするのは困難です。ここで大事なことは、どんな時に自分は集中力を欠きやすいのか、しっかり分析する作業です。

イニングの初球にいきなり打球が飛んできた時にエラーしやすいのか、フルカウントから「四球だろうな」と気を抜いてしまった時にエラーしやすいのか。人それぞれにある癖を分析して、解消していく必要があるわけです。

私自身、現役時代に「ミスが出やすいな」と感じるタイミングはありました。たとえば守備で外野方向まで打球を追いかけた後、ダッシュでベンチに戻ってきてから先頭打者で打席に向かう時、なかなか結果が出ていないと感じる時期がありました。

そこで私は対策を練りました。ダッシュした直後の打席に違和感が出るのであれば、いっそのこと毎回、攻守交代の際にダッシュでベンチに帰ることで、体を慣れさせてしまえばいいのではないかと考えたのです。

もちろん、攻守交代の際の全力疾走には体力作りという側面がありました。一方で、苦手かなと感じた攻守交代時の気持ちの切り替えをクリアするために選んだ方法でもあったのです。

野球は一イニングの時間が決められていません。三分で終わる時もあれば、二十分かかる時もあります。どうしても攻守の気持ちの切り替えが難しいスポーツなのです。

そこで私はダッシュすることで「今から守備に行くぞ」「今から打席に入るぞ」と体に覚えさせ、集中すべきタイミングで一〇〇パーセント集中できるように工夫していたのです。

そんな試行錯誤が成功していたからか、私は集中する作業に関しては自信がありました。現役時代は打席に入ると、周囲の音が一切、耳に入らなくなっていました。応援歌もヤジもまったく聞こえなくなって、無音状態になっていました。守っている最中も、投手が投球動作に入った頃から音が聞こえなくなっていました。当時はそれが普通だと思っていましたが、今考えれば、それは集中できている証しだったのかもしれません。

ロッテに移籍してからの現役最後の二年間はそこまでプレッシャーがかからない場面での途中出場も増えたからか、守っている最中に音が聞こえるようになりました。当時は新型コロナウイルス禍《か》で無観客ゲームでしたが、それでもさまざまな音が聞こえていました。集中力次第で音が聞こえるようになるのかと、当時は驚いたものです。

学生やビジネスマンの中には「集中したいけど周りの音が気になってしまう」と悩んでいる方が決して少なくないと聞きます。

では、どうすれば集中力を極限まで高められるのか。

一番重要なポイントは「夢中になれる状態に自分を持っていくこと」だと考えます。

たとえばゲームに熱中している子供に話しかけてもまったく聞いてもらえず、親がよく怒っていますよね。これはゲームに集中している証拠といえます。

とはいえ、もともと好きだから夢中になれるゲームとは違って、時にしんどくてつらい仕事や勉強の場合は夢中になるための努力が必要になります。

そこで目の前の事柄に夢中になる、集中するために、私は気持ちを切り替える作業を大切にしていたわけです。

このように見ていけば、佐藤選手がこれから守備力を高めていく上で必要な要素が徐々に浮き彫りになってきます。

足を使った基礎練習を繰り返す。集中力が欠けるタイミングを分析し、気持ちの切り替え方を試行錯誤する。

この二つの課題と真摯《しんし》に向き合っていけば、必ず道は開けるはずです。

◎――内野の名手はサッカーがうまい

私の経験則では、内野の守備がうまい選手はサッカーも上手です。

オフの自主トレなどで練習中にサッカーを取り入れた時、よくそんなふうに感じたものです。

メジャーでも活躍した井口資仁《ただひと》さん、もともとは遊撃手として中日に入団した福留孝介さん、阪神で二遊間コンビを組んだ平野恵一さん……。皆さん、本当にサッカーが上手でした。

何が言いたいかというと、上手な内野手は自分のイメージ通りに足を運べる確率が高い、ということです。だからサッカーでもボールの扱いに長けているわけです。

そんな選手はボールを捕って投げる作業の際も、「ここで体の左側に足をステップさせたら送球しやすくなる」と感じれば、思った通りの場所に足を着地させることができます。足さばきの上手下手はそれだけ守備力に直結するということです。

プロ野球界全体を見渡せば、足は器用に使えるけど上半身が器用に使えない、という選手の方が実は多かったりします。そう考えれば、逆パターンの佐藤輝明選手は珍しいタイプ。

もし足を器用に使いこなせるようになれば、誰もが驚く成績を残す可能性を秘めているともいえるわけです。

佐藤選手はボールを打つ際も、上半身は器用に使いこなせるのですが、下半身の使い方はあまり上手ではないかもしれません。仮にもう少し足をうまく使えるようになれば、間違いなく打撃面にもプラスの効果が出てくるはずです。

佐藤選手は打撃面ではバットを構える高さについても試行錯誤を続けています。ただ、個人的には構える際のグリップの位置は、高かろうが低かろうが、どの位置でも構わないと考えています。

結局、スイングしにいく直前のトップの位置は皆、同じです。どの位置に構えたとしても、最後はトップの位置はその場所に落ち着きます。あとは大まかに表現すれば、トップの位置まで上から下ろしてくるか、下から上げてくるかの違いだけです。

上から下ろしてくるか、下から上げてくるかでいえば、下から上げてくる方が簡単な動きではあります。重力の関係で、下から上げてきた方がもう一度バットを落としやすいからです。あとはタイミングさえしっかり取れれば問題ないのですが、佐藤選手の場合はこのタイミングの取り方があまり得意ではないのかもしれません。

だからこそ、佐藤選手はタイミングを取る際にもう少し足を使ってみてもいいのではないかと感じています。

タイミングは、手で取るパターンと足で取るパターンの二つがあります。手でうまく取れない時に足で取れるようになれば、打撃の幅は確実に広がります。ただ、佐藤選手は手の一択になりがちなので、好調時と不調時の差が大きくなってしまうのではないでしょうか。

一番簡単に下半身でタイミングを取る方法は「足を上げること」です。佐藤選手はたとえば足を大きく上げてみたり、右足でリズムを刻んでみたり、下半身を使ったフォームを試してみるのも一つの手ではないかと、個人的には考えています。

いずれにせよ、佐藤選手は四番打者を任されるようになった今季も攻守ともにまだまだ伸びしろだらけで、一体どのレベルまで進化を遂げるのか非常に楽しみでなりません。

◎——実戦で映える高卒ルーキー山田脩也選手

続いて阪神の若手有望株にも話題を移しましょう。

ご存じの方もいるかもしれませんが、私は二〇二四年二月の臨時コーチ期間中、初めて二軍の沖縄うるまキャンプで指導する機会にも恵まれました。期間は一日だけでしたが、それでも記憶に残った若手選手は数多くいました。

中でも高卒一年目の山田脩也《しゅうや》選手は非常に興味深い遊撃手でした。

二〇二三年ドラフト三位の山田選手は仙台育英高校時代に二年時の夏の甲子園で全国制覇、三年時の夏の甲子園でも主将として甲子園で準優勝しているエリートです。ただ、実は守備練習だけを見た時、決して上手だとは感じませんでした。転がしたゴロを捕って投げる練習をしても、なかなか思った通りにステップできない。トスやタッチの練習をしても、正直にいえば上手ではなかったのです。

それなのに、いざ実戦形式のノックや試合で打球が飛んでくると、難なくスムーズに動けてしまうから驚きました。想像以上に「実戦映《ば》え」する選手だったのです。

多くの選手は逆のパターンです。

練習で一つひとつの動作を分解して練習させるとスムーズに動けるけれど、それを試合で一塊《ひとかたまり》にすると動けなくなる選手が大多数です。それが山田選手の場合は真逆で、実戦で力を発揮しやすいタイプだったわけです。

打撃練習を見させてもらっても、ほとんどのボールをバットの芯に当てていたのでびっくりしました。いくら練習とはいえ、まだ十八歳の段階であれだけしっかりバットの芯に当てられる選手はそう多くはありません。

それほどもともとの能力が高いプレーヤー。下手にいろいろと教えると逆に動けなくなってしまいそうだと感じたので、あえて細かいアドバイスは送りませんでした。本当に将来が楽しみな選手です。

山田選手の他にも、阪神二軍には魅力のある野手がたくさんいました。

もちろん、まだ一軍選手と比べると守備面、打撃面ともに大きく劣ります。ですが、特に高卒入団の選手は大卒入団の選手に対して、少なくとも四年間はうまくなる時間が余分に残されているのですから、焦りすぎる必要はありません。

たとえば天理高校から二〇二二年ドラフト五位で入団した戸井零士《といれいじ》選手も、内野守備のバランスといった点では一番良かったように記憶しています。彼らが生きのいい若手として木浪聖也選手や中野拓夢選手、小幡竜平選手の尻に火をつけてくれれば、阪神タイガースの内野陣はますます底上げできるはずです。

もちろんチーム全体の守備力を見れば、まだまだ課題は山積しています。

阪神は結局、十八年ぶりのセ・リーグ優勝を果たした二〇二三年もリーグ六球団の中でもっとも多い八五失策を喫しています。二〇二四年も「失点につながる痛恨のミス」が決して少なくはありません。

ただ、二〇二三年には球団史上最多の五人がゴールデン・グラブ賞を獲得しているのもまた事実。徐々に向上の兆《きざ》しは見えてきているのかなとは感じています。

◎──二〇二四年の阪神守備陣にミスが続出した理由

阪神守備陣は二〇二三年秋のオリックスとの日本シリーズでも、正直に言えば、ミスが目立ちました。とはいえ、日本シリーズを戦った経験がない選手が大多数の中、「落ち着け」と選手を責めるのはさすがに酷な話です。

長いスパンで物事を考えられるレギュラーシーズンとは違い、日本シリーズでは目の前の一戦一戦を絶対に勝ちにいかなければならない重圧もかかってきます。一つひとつのプレーに保険をかけていられない状況が続く異質な空間。両チームともに失策数が増えてしまったのもある意味、必然だったのです。

二〇二四年に入ると、今度はレギュラーシーズンでもミスが目立ち始めました。四月二十六日のヤクルト戦（甲子園）では木浪選手がまさかの三失策。五月七日の広島戦（甲子園）では中野選手が失点につながる二失策を喫しました。

こうなると一見、タイガースナインは守備力をまったく向上できていないようにも映ります。ただ、私の見方は違います。

阪神守備陣は現在、うまくなっていく過程でのミスが増えているように感じます。以前より高いレベルを目指すようになった結果、たとえば走者一塁の場面で一個アウトを取るだけでは満足できなくなり、多少無理をしてでも併殺プレーを奪いにいこうとして捕球ミスが出てしまっているケースもあるわけです。

周りの目には単なるミスにしか映らなくても、実はより高みを目指すためにコツコツ練習してきたプレーにチャレンジした末のミスだった場面も一度や二度ではありません。

木浪選手にしろ中野選手にしろ、もっと精度を上げたい、もっとスピード感を高めたいと勝負に出て、今までに経験のないミスが出てきているのだと想像します。勇気を持って挑戦したプレーでのミスは必ず次に生かせるはずです。

守備は一年間頑張れば一気に向上するモノではありません。一方で、地道に練習を続ければ、絶対に下手にはなりません。今、阪神守備陣に必要な作業はやはり「ミスを成長するための材料に変える」ことではないでしょうか。

この作業を何年も続けていけば、数年後に阪神タイガースが「守備王国」と呼ばれる日が必ず来ると、私は信じています。

幸いなことに、今の阪神には選手の成長を第一に考えられるコーチ陣がそろっているから、余計にそう確信できるのです。

◎――藤本敦士コーチは特別な存在

キャンプ臨時コーチとして選手を指導させてもらった期間、私は多くの阪神コーチ陣と野球談義を交わす機会に恵まれました。

長い時間を割《さ》いた守備指導の際は一軍の平田勝男ヘッドコーチ、内野守備走塁を担当する馬場敏史コーチと藤本敦士コーチ、筒井壮外野守備走塁コーチ……。二軍でも田中秀太内野守備走塁コーチ、工藤隆人《たかひと》ファーム外野守備走塁コーチ、上本博紀ファーム野手コーチたちと「どうすれば選手の成長をサポートできるか」について話し込みました。

皆さん、たった数日間しか指導しない私を快く迎えてくれました。中でも藤本コーチと一緒にグラウンドに立った空間には感慨深いものを感じました。

藤本さんは私にとって特別な存在です。

前にも書かせてもらいましたが、私がプロ一年目を迎えた二〇〇四年、四歳上の藤本さんは遊撃手の先輩でした。前年の二〇〇三年夏にはアテネ五輪の日本代表にも選ばれ、阪神でも遊撃レギュラーとして打率三割を記録して十八年ぶりのセ・リーグ優勝に大きく貢献しました。

にもかかわらず、藤本さんは二〇〇五年には当時の岡田彰布監督の方針もあり、完全に二塁にコンバートされました。代わって遊撃レギュラーの座を任されたのが、プロ二年目を迎えたばかりの私でした。

きっと藤本さんにも複雑な感情があったはずです。

当時の守備力は間違いなく私より藤本さんの方が上でした。なぜ実績もない後輩にポジションを取られないといけないのか――。大抵の人であれば、そんなふうに腹を立てていたことでしょう。それでも藤本さんはいつだって明るくフラットに私に接してくれました。

打撃練習から守備練習までずっと一緒に汗を流す中、藤本さんから嫌みのような言葉をかけられたことは一度もありません。むしろ何度となく食事に誘ってくださるなど、心身ともにサポートを続けてもらった記憶しかありません。

正直に振り返れば、藤本さんの周りには「なぜ鳥谷が出るんだ」と憤りに近い感情を持っていた先輩もいたはずです。藤本さんがどれだけ練習を積み重ねてレギュラーまでたどり着いたのかを知っていれば、そんな感情が芽生えるのも仕方がありません。

それなのに当事者の藤本さんは常日頃から「オレは何も気にしていないから」という思いを行動で示してくれていました。私はそんな先輩に心の底から感謝していました。

藤本さんは過去に亜細亜大学を中退して専門学校に入り直したり、苦労をしながらプロで優勝チームのレギュラーにまで登り詰めた選手です。私たちには想像もつかないような経験をしてきたから、あれだけ他人を気遣えるのかもしれません。

そんな先輩が近くにいたから、私は自分がポジションを奪われる側になった時、ユニホームを脱いで他人を指導する立場になった時、「後輩を支えられる人間でありたい」と考えられるようになれたのだと思います。

第 4 章

年齢を重ねても
ミスをしない

◎――自分を奮い立たせる目標設定

これまで私は事あるごとに「ミスを次に生かす」「失敗を糧にする」ことの重要性を説いてきました。ただ、この作業を毎日繰り返していくうえで、決して忘れてはならない大前提があります。

目標設定です。

第1章で「大きな目標があれば、失敗を糧にできる」と述べました。

高いモチベーションを維持できるだけの目標がなければ、人はそこまで自分を追い込み続けることはできません。

私は自分を奮い立たせるために、いつだって目標設定を大事にしてきました。

若い頃は学生時代から持ち続けた「メジャー挑戦」という夢に向かって突き進みました。

メジャー挑戦を断念した後も新たな目標を設定できたから、四十歳まで現役生活を続けられたのだと思います。

スポーツ選手に限らず、年齢を重ねれば、第一線から退《しりぞ》くタイミングが訪れます。その時までどのような心持ちで毎日を過ごし、自分をさらに向上させていけば良いのか。

本章では私の考えを紹介させてもらおうと思います。

◎——大リーグ球団の評価は二塁手だった

あれは二〇一四年シーズン終了後のオフのことでした。私は学生時代から大目標にしていたメジャー挑戦の実現へ、いよいよ本格的に動き出しました。

大リーグ球団と交渉できる海外フリーエージェント（ＦＡ）権を行使。アメリカ球界屈指の敏腕として知られる代理人、スコット・ボラス氏に交渉を託したのです。

当時は三十三歳。キャリアハイの打率三割一分三厘の成績を残した直後で、私からすれば満を持しての海外ＦＡ権行使でした。

本音を言えば、自分の感覚的に打撃も守備も足も一番脂《あぶら》が乗っていた二十八歳、二十九歳のあたりでメジャーを目指したい気持ちがありました。ただ、当時はまだ今のようにポスティングシステムを簡単に希望できる時代ではありませんでした。

私がメジャーに挑戦できる方法は、海外ＦＡ権を行使する他になかったのです。

三十一歳で海外ＦＡ権を初取得した二〇一二年は打率が二割六分二厘まで落ちてしまったシーズンで、市場に打って出られるタイミングではありませんでした。それから二年後、成績のバランスやメジャーの内野手市場を鑑《かんが》みて、ようやく巡ってきたチャンスです。

守備でも勝負できる自信はありましたし、かなり高い確率で海を渡るつもりでした。

代理人に話を聞いたところ、複数球団が獲得を検討してくれていました。

たとえば東海岸の名門球団、ボストン・レッドソックスは二塁手として興味を示してくれていました。レッドソックス一筋の二塁手で人気も高かったダスティン・ペドロイア選手が左手首手術のリハビリ中で、彼が戦列復帰する夏まで私を二塁手で使おうと考えていたそうです。一方、トロント・ブルージェイズも二塁レギュラー候補という形で興味を持ってくれていました。

両球団も含め、本職の遊撃手ではなく二塁手か内野のユーティリティープレーヤーとして交渉する形になりましたが、そこに関しては三十三歳という年齢も踏まえて「仕方がない」と割り切っていました。

当時は私と同い年の川崎宗則選手（現・BCリーグ・栃木ゴールデンブレーブス）がシアトル・マリナーズやブルージェイズでユーティリティープレーヤーとして重宝されていました。彼が時にショートも守っている姿を見ていたので、基本は二塁起用だとしてもレギュラー遊撃手の休養日にはショートを守れるかもしれないと、イメージが湧きやすかったのです。

二塁手転向に関していえば、もともと「『二塁を守れ』と言われるかもしれない」と予測はついていました。だから侍ジャパンに選ばれた二〇一三年のワールド・ベースボール・クラシック（ＷＢＣ）でも、本職ではない二塁守備の練習を意欲的に続けられたのです。

◎――メジャー挑戦断念の舞台裏

内野手の日本人メジャーリーガーの歴史を紐解《ひもと》けば、二塁手としての成功が圧倒的に多いのは皆さんもご存じの通りです。

私が長年にわたってオフの自主トレを共にさせてもらった井口資仁さんは、シカゴ・ホワイトソックス時代に二塁レギュラーで世界一に輝いています。

西武から海を渡った松井稼頭央《かずお》さん、ヤクルトから移籍した岩村明憲《あきのり》さんも二塁手として活躍していた印象が強く、私も二塁を守るイメージがつきやすかったのです。

二〇一三年のＷＢＣでは遊撃レギュラーに巨人の坂本勇人選手がいました。私は当初、二塁を守る松井稼頭央さんと坂本選手のバックアッパーという立ち位置でした。ですが、大会直前になっても松井さんの体の状態が上がってこなかったため、いつの間にか私が二塁で先発する機会が増えたのです。

国を背負って戦う大舞台です。もちろん、二塁守備に対する不安も少なからずありました。一方で、「もし二塁も守れると証明できれば大リーグ球団へのアピールにもなる」と前向きに考える自分もいました。

それだけメジャーに挑戦したかったのです。

そんな流れもあったので、ショートを守れなければ日本に残る、といった感覚は一切ありませんでした。

ただ、結論から先に言えば、私は最終的にメジャー挑戦を断念し、二〇一五年一月に阪神と五年契約を結び直しました。

大リーグ球団との交渉で折り合いがつかないまま、自分が交渉期限に定めていた日付を迎えてしまったからです。

年齢的にも事実上、アメリカでのプレーを諦めた形でした。

「あの時もう少し交渉を続ければ良かったのに」

そんな声もいまだにいただきますが、私が決断を下した一月上旬というタイミングには明確な理由がありました。

一つは自分一人の交渉を長引かせることで、阪神のチーム編成に迷惑をかけたくなかったからです。私の去就次第でポジションが変わる後輩もいました。自分勝手に他人の野球人生を振り回したくない、という考えが根底にありました。

もう一つはメジャーで勝負する上で、きちんと準備期間を設けたかったからです。

私はただ単にメジャーでプレーできればいいと考えていたわけではありません。メジャーで成功することが目標でした。だから最終的にどこかの球団に入団できたとしても、交渉が長引いた結果、満足に準備できないままシーズンを迎えることだけは避けたかったのです。

メジャーでは二塁手として起用される可能性が高い状況でした。ですが、私の本職は遊撃手です。いくらWBCで二塁守備を経験していたといっても、そう簡単に自信を持てるレベルに達することはできません。

そういう意味でも、二塁手としてメジャーに挑戦する上で「ぶっつけ本番」は極めて危険だと考えていたのです。

二遊間の選手は併殺プレーなど相棒とのコンビネーションも非常に重要です。

異国の地でプレーするだけでも大変なことなのに、ポジションも変わる、キャンプやオープン戦で連係プレーを準備する期間も少ない。そんな状況では成功する確率がグッと下がってしまいます。

私は前にも明かした通り、心配性です。常にしっかり準備した上で勝負したいのです。そう考えていた中で交渉期限のリミットを迎えてしまったのですから、もう仕方がなかったわけです。

「この日までに交渉がまとまらなかったら阪神に残る」

最初からそう決めていたので、メジャー挑戦を正式に断念した直後、意外とあっさり気持ちを切り替えられた記憶があります。

少なくとも皆さんが想像していたような、「心にポッカリ穴が空いて……」という感じではありませんでした。

◎——新たな目標「四十歳でショートを守る」

阪神と五年契約を結んだ後、私はすぐさま「メジャー挑戦」に変わる大目標を立て直しました。

もともと目標を立てて、それに向かって努力を続けていく作業は得意なタイプです。

自分は一体、これからどうなりたいのか。

自問自答を続けた結果、プロ入り当初から掲げていた「四十歳シーズンでショートを守る」という目標をあらためて設定した頃にはもう、自然と前を向けていました。

そんな私に大きな試練が訪れたのは、現役時代からお世話になっていた金本知憲監督の就任一年目、二〇一六年のことでした。自己ワーストの二八打席連続無安打を喫するなど、前半戦から不振に陥ったシーズン。七月二十四日の広島戦（マツダスタジアム）でスタメンを外れ、遊撃手の日本記録を更新していた連続試合フルイニング出場記録も六六七試合で途切れてしまったのです。

三十五歳でプロ一年目以来となる三塁も守り、打率は二割三分六厘まで急降下。遊撃ポジションでは二十二歳の北條史也選手（現・三菱重工Ｗｅｓｔ）の台頭を許したのですが、それでも私の心は折れませんでした。

今思い返せば、「四十歳シーズンでショートを守る」という目標が自分の支えになっていたのだと思います。

ベテランと呼ばれる年齢となったことで、周りはおそらく「もうショートに戻ることはないだろう」と予想していたはずです。ただ、個人的には守備範囲も含めて一気に衰えた感覚はまだありませんでした。技術や経験値をプラスアルファにすれば、まだまだ若い選手には負けない。そんな気概も残っていました。

もちろん、十何年もプロ野球界に身を置いていれば、世代交代を推し進めようとするチーム事情も理解できます。いつかは自分も遊撃手から外されるタイミングが来る、という現実も分かっていました。

一方で、自分自身はまだ若手に走攻守のトータルでは負けていないとも考えていました。そして、そう思わせてくれる体の状態にはひそかに手応えを感じていました。

試合に使ってもらえるかどうか、ショートを守らせてもらえるかどうかは、一選手にすぎない私が決められる事柄ではありません。あの頃、自分に唯一できる努力は「四十歳でも遊撃手としてグラウンドに立てるだけの状態を作っておく」しかなかったのです。

「四十歳シーズンでショートを守る」。それは言い換えれば、「四十歳シーズンでもショートを守れるだけの体を作っておく」という目標でもありました。

外的要因に左右されない目標を作っておけたから、悔しさを抱えることが多かった現役終盤も気持ちを切らさず、毎日の練習に取り組めたのだと思います。

◎——三塁転向を助けてくれた宮本慎也さん

二〇一七年シーズンに入ると、私は三塁へ完全にコンバートされました。そして、特にシーズン序盤は遊撃守備と三塁守備の違いにかなり戸惑いました。

中でも違和感を覚えたのは、打球に対してスタートを切るタイミングの違いでした。遊撃守備の場合、打った瞬間にどれだけ速く動けるかが勝負になります。一方、三塁守備では遊撃守備と同じタイミングで一歩目を踏み出すと、思ったより打球が速くて差されてしまったり、思ったより打球が遅くてボールを追い越してしまうケースも出てきたのです。

そこで私が頼ったのが、かつてヤクルトで名手の称号をほしいままにしていた宮本慎也さんでした。

宮本さんは遊撃手としてゴールデン・グラブ賞を六度も獲得した後、三塁手としても同賞を四年連続で受賞しています。遊撃手が本職だったのに三塁守備も驚くほどうまかったので、どうしても秘訣《ひけつ》を聞いてみたかったのです。

このシーズン、私は四月十九日の中日戦（ナゴヤドーム）でサヨナラ失策を喫しています。同点の九回裏2死二、三塁で三遊間へのゴロをはじいてしまっていました。自分の中でこの失策に対して大きな違和感が残っていて、それなのに違和感の真相がどうしても分からない。このまま一人で考えていてもらちが明かないと覚悟を決めて、宮本さんがテレビ解説で球場を訪れた際、思いきって質問させてもらったのです。

サヨナラ失策の際、私は三遊間への打球を三塁から追い越してしまっていました。ポジションが変わったことでスタートに違和感があることを伝えると、宮本さんは「オレもそうだったよ」と親身になってアドバイスをくれました。

「遊撃守備と同じ感覚でスタートを切ったらダメ。ワンテンポ遅らせるぐらいでちょうどいいんだよ」

宮本さんは開口一番、そう教えてくれました。

「あっ、打った。動かなきゃいけない。じゃあ動こうか。それぐらいの感じでいい」

分かりやすいアドバイスをもらった私は、目からうろこが落ちた気分になりました。遊撃手の感覚でスタートを切ると、打球の正面に体が入ってしまって、ボールとの距離感を取りづらくなる。だからあえてワンテンポ遅らせてスタートを切って、左半身で捕るぐらいでちょうどタイミングが合う。

そんな言葉をもらって練習を始めてから、私の三塁守備は劇的に改善されました。結局、二〇一七年は打率を二割九分三厘までV字回復させて、通算二〇〇〇安打も達成。三塁手としては初めてゴールデン・グラブ賞も獲得できて、思い出深い一年になりました。

今でも球場やキャンプ地でたまに顔を合わせるのですが、宮本さんには頭が上がりません。

◎――ひそかに続けた遊撃練習

一方で、三塁を守り続けた二〇一七年、私が人知れず遊撃練習を続けていたことはあまり知られていません。報道陣も「もう鳥谷がショートに戻ることはないだろう」と予想していたから、記事にされなかったのかもしれません。

それでも私は当時、至って真剣に遊撃復帰をもくろんでいました。

もちろん、通常の三塁練習には日々しっかり取り組んでいました。ダイビングキャッチから起き上がった時の景色の見え方など、各球場の違いも入念にチェックしました。メニューにある三塁守備練習を全《まつと》うした上で、勝手に遊撃練習も追加していた形です。

遊撃守備と三塁守備は似て非なるモノでした。

三塁守備は足を動かす範囲が狭く、ステップを踏む回数も多くはありません。「このまま三塁練習だけを続けていたら、もう一生ショートに戻れなくなる」

そんな危機感を抱いて、ショートでも動ける足、投げられる肩を少しでも維持するための自主練習を始めたわけです。

もしかしたら監督やコーチ、周りの選手たちは遊撃練習を続ける私を見て、「今さらショートに戻れるわけがないじゃないか」と思っていたかもしれません。

ですが、もし当時遊撃レギュラーに近い存在だった北條選手たちに予期せぬ負傷など有事が発生してしまった時、「自分がやります」と手を上げられる準備だけはしておきたかったのです。

そんな姿勢は翌年の二〇一八年も貫きました。この年は三塁に加えて二塁も守り、遊撃守備に就いたのはわずか二試合だけでした。五月二十九日のソフトバンク戦（甲子園）ではNPB歴代二位の連続試合出場記録も一九三九試合で途切れ、打率も二割三分二厘に急降下してしまいました。

そこで私はシーズン終了後、新しく就任した矢野燿大《あきひろ》監督に遊撃復帰を直訴しました。格好をつけたかったわけではありません。

「ショートを守れる」という可能性を残しておかなければ、自分がこれからも現役生活を続ける上でモチベーションを保てる自信がなかったのです。

◎——阪神タイガースを退団した理由

私だって人間です。遊撃ポジションを失い、三塁や二塁を守ることには当然、歯がゆさもありました。そんな状況を懸命に受け入れて前向きな感情を作っていく過程で、「四十歳シーズンでショートを守る」という目標は間違いなく自分の拠《よ》り所になっていました。

遊撃手には相当な運動量が必要です。一度は三塁にコンバートされたベテランが再び遊撃手に戻るパターンは、長い球史を振り返ってもほぼ前例がありません。

宮本慎也さんが現役最終年となった二〇一三年に四十二歳でショートを三試合守っていますが、これは本当にレアケース。三塁から遊撃に戻るというのは、それだけ難しい挑戦でもありました。

遊撃ポジションを譲った相手の方が十歳以上も若いのに、三十代後半でその選手より動けるように進化するのは、極めて不可能に近いチャレンジになります。

相手はどんどん技術が上がっていく。自分はどんどん体力が落ちていく。ならば遊撃手という立場は諦めて、打つ方でチームに貢献しようと方向転換するのは自然な流れです。

私はそんな慣例、常識を打ち破ってみたかったのです。

「四十歳シーズンでショートを守る」はプロ入り当初に掲げた目標です。どれだけ難しい挑戦であろうと、絶対に諦めるつもりはありませんでした。

だから、私は縦じまのユニホームを脱ぎました。

阪神在籍最終年となった二〇一九年。遊撃復帰を直訴した私はルーキーの木浪聖也選手や北條選手とのポジション争いを勝ち抜くことができませんでした。

ショートを守れた試合数はわずか一四。三十八歳となっていた私は来季戦力構想から外れ、他球団への移籍を選択しました。

「タイガースの選手のままユニホームを脱いでほしい」

そんな言葉も多くの方からいただきました。それでも現役続行にこだわったのは「まだ勝負できる」という気持ちが強かったから、そして、「四十歳シーズンでショートを守る」という目標があったからです。

それだけに、ロッテ移籍二年目で現役最終年となった二〇二一年、四十歳シーズンの開幕戦で遊撃手としてスタメンに名を連ねた時は想像を超える達成感がありました。三月二十六日の開幕ソフトバンク戦（ＰａｙＰａｙドーム）に「七番・遊撃手」で先発出場。誕生日が六月二十六日なので、正確にはまだ四十歳ではありませんでしたが、三十九歳九カ月での開幕遊撃スタメンは史上最高齢だったそうです。

この日の喜び、沸き立つような感情は今でもよく覚えています。

◎──四十歳シーズンへ、最後のチャレンジは減量

さかのぼること一年前、ロッテ移籍一年目となった二〇二〇年は今までに経験したことがないほど特殊なシーズンを過ごしました。

阪神を退団してから移籍先が決まらないまま、プロ野球がキャンプインする二月に突入。ようやくロッテ入団が決まったのはシーズン開幕が近づいていた三月上旬でした。

それまではイチローさんも通い続けた鳥取市内のトレーニング施設「ワールドウィング」で初動負荷トレーニングや打撃練習を続け、最後は自宅の駐車場で壁当てを続けながら肩の感覚をキープする日々。その頃はさすがに引退の二文字も頭にチラつきました。

それでもなんとか移籍先が決まり、開幕に向けて急ピッチで〝突貫工事〟を進めていたら、今度は新型コロナウイルス蔓延《まんえん》の影響で六月十九日まで開幕日がズレ込んだのです。二月のキャンプに参加できず、入団から開幕までの三カ月間もコンディション維持に苦戦した結果、二〇二〇年は悔しさを残したままシーズンを終えることになりました。

この年、私がショートを守れたのは七試合だけでした。遊撃通算出場数では横浜（現・DeNA）などで活躍した石井琢朗さんの一七六七試合を抜いて当時の日本新記録を樹立しましたが、納得できる成績はまったく残せませんでした。

そこでシーズン終了後のオフ、私は思いきった変化を三十九歳の肉体に課しました。

翌年の二〇二一年、体重を直近の数年間よりも三、四キロも落として四十歳シーズンを迎えたのです。

守備固めでの起用も増えていた中、なんとか遊撃守備でもチームに貢献したい。そのためにもスピード感をさらに高めたい。そんな一心でした。

どれだけ練習やトレーニングに励んだところで、年齢を重ねれば、若い頃と同じ動きをすれば膝や腰への負担は大きくなります。ならば、四十歳シーズンでもショートを守れることを証明するためにも、体重を落としてみたらどうだろうか？

現役最後の目標に向けて、現役最後のチャレンジに臨んだわけです。


開幕直前まで、私の立場は内野の控え選手の一人にすぎませんでした。シーズンインを前にようやく一軍枠に滑り込んだ時は、とてもじゃないけど開幕スタメンなど口に出せる立ち位置ではありませんでした。それでも準備だけは続けていたから、突然降って湧いたチャンスをつかみ取れたのだと、今では思います。

二〇二一年のロッテ遊撃レギュラー争いは当初、前年に一〇五試合ショートを守った二十七歳の藤岡裕大《ゆうだい》選手が本命でした。ですが、藤岡選手の調子がキャンプ、オープン戦を通してなかなか上がらず、今度は大卒ルーキーの小川龍成《りゅうせい》選手の開幕遊撃スタメンが有力視されていました。

それなのに開幕直前、小川選手がオープン戦で走者としてスライディングした際に、右膝を負傷してしまったのです。そこで開幕スタメンに急浮上したのが私でした。

もちろん、藤岡選手や小川選手の失敗やケガを願っていたわけではありません。ただ、阪神時代から「何かあった時のために」と準備を続けていなければ、四十歳シーズンの開幕戦でショートを守ることは絶対にできなかったはずです。

結局、二〇二一年は開幕スタメンから徐々に出場機会を減らし、七月に二軍降格。遊撃守備機会は九試合にとどまり、私はこのシーズン限りでの現役引退を決断しました。

◎――現役引退に後悔はない

引退を決めた頃にはもう、どれだけ自問自答を繰り返しても「やり切った」という感情しか湧いてきませんでした。

それはきっと、最後の目標をクリアできたからだと思います。

まだ早大四年生だった二〇〇三年秋、プロ入りが決まって「四十歳で遊撃手」という目標を公《おおやけ》にしました。

正直に振り返れば、当時は四十歳シーズンでショートを守れると本気で考えてはいませんでした。どちらかと言えば、四十歳でもショートで試合に出られるだけの体を作るんだと、自分自身に発破《はっぱ》を掛ける意味合いの言葉だったように記憶しています。

それがメジャー挑戦を断念した瞬間から自分を震い立たせる大切な目標となり、実際に四十歳シーズンでショートを守れたわけです。

もちろん、自分が遊撃手としてもっとも脂が乗っていた時期と比べれば、四十歳シーズンの私はスピードも肩も衰えていました。

それでも二十代前半の若手選手、キャリアのピークを迎えた二十代中盤の選手とも勝負できたことで、現役生活十八年間の努力が報われた感覚さえありました。最後の大目標も達成できたから、私は最後、一ミリの後悔もなくユニホームを脱ぐことができたのです。

◎——五〇パーセントの余力で一〇〇パーセントを出そうとしない

思い返せば、現役時代は試合に出続けるために、毎日ただただ無我夢中でした。最終的に通算二二四三試合に出場したそうですが、どれだけ重傷を負った時もグラウンドに立つための準備を怠らなかった自負はあります。

二〇一一年に右手人さし指を裂傷していた期間は日々、テーピングの微調整を続けました。湿気によってボールを投げる際の滑りが変わるので、打撃用の滑り止めスプレーを振ってみたり、ロジンを試してみたり……。

どこまでの強度で投げれば傷口が再び開かずに済むのか。人さし指を使わずに投げるとスライダーの変化が生まれてしまうのか。腕の角度を少し下げれば投げやすくならないか。本当に試行錯誤の毎日でした。

二〇一〇年には飛球を追いかけた際に左翼手のマット・マートン選手と衝突し、腰椎を骨折しました。二〇一五年には死球で肋骨《ろっこつ》を折りました。そんな時も「どうすれば試合に出られるか」だけを考えて、少しでも痛みが出ない体の使い方を探し続けました。

多くの方々の記憶ではおそらく二〇一七年の顔面死球による鼻骨骨折のインパクトがもっとも大きいでしょうが、実は鼻の骨折はさほどプレーに影響はありませんでした。ボールへの恐怖心と振動による痛みが多少気になるぐらいで、特注のフェイスガードも作ってもらいましたし、誰かにぶつかりさえしなければ悪化を防げたからです。

むしろ、現役生活で一番しんどかった負傷を聞かれれば、真っ先に二〇一五年の右脇腹肉離れを挙げます。スイングするだけで患部から血が流れ出すような感覚があって、一打席に一回しかバットを振れない状態。あの時期は本当に泣きそうになるぐらいキツかった記憶があります。

それでも私は当時、試合に出続ける選択をしました。ショートから一塁に送球する際、体の左側の筋肉は収縮させる必要がありますが、右側の筋肉はそこまで使わずに投げられることに気づいたからです。

もちろん、風邪を引いた回数も数えきれません。扁桃炎《へんとうえん》を発症した時は一週間、病院で点滴を打ってから甲子園に向かいました。体温が三八度、三九度まで上がる中でも、その時々のベストを作り上げるために準備を続けました。通常の五〇パーセントしかパワーが出ないのであれば、その五〇パーセントを出し切るための準備を進めました。

五〇パーセントしか余力が残っていないのに、それでも一〇〇パーセントの力を出そうと無理をすると、普段は出ないミスが出てしまったりするものです。自らミスの確率を高めてしまわないように、自分の体の状態を確かめる作業も日々大切にしてきました。

あらゆる箇所を触ってみたり毎日チェックを続けていれば、「今日はいつもよりふくらはぎが張っているな。腰が張っているな」といった具合に少しの誤差にも気づけるようになるものです。体の変化が事前に頭に入っていれば、誤差が影響した結果のミスを防げる可能性も高くなります。

それもこれも、すべては日頃の準備のたまものに違いありません。

◎——試合前の仮眠を始めた理由

ご存じの方もいるかもしれませんが、私はプロ二、三年目の頃から試合前に仮眠タイムを設けるようになりました。全体ミーティングの前に十五分ほどロッカールームで寝ていたのですが、もちろんこのルーティンにも理由がありました。

本拠地の甲子園球場でナイターゲームを戦う場合、午後三時半頃に練習を終えて、ご飯を食べて、四時二十分頃からミーティングに入る流れでした。ですが私の場合、どうしてもミーティングの時間に眠たくなってしまっていました。

言うまでもなく、ミーティングでスコアラーさんから伝えてもらうデータは攻守で結果を出すために欠かせないモノです。そんな重要な情報をいろんな人が集めてきてくれたのに寝ぼけ眼《まなこ》で聞いているのは申し訳ないし、そんな毎日を過ごしていたら失敗する確率を高めてしまうだけです。そこでミーティング前の読書やメールチェックなどに充てていた時間を利用した仮眠を思いついたのです。

私が知る限り、当時はまだ試合前に仮眠している選手はいませんでした。そんな時代だったので、最初にロッカールームの椅子に座って寝始めた頃は「えっ、こいつ寝てるよ」と驚かれている空気も正直感じていました。でも、仮眠を取ってからミーティングに向かうと、頭がさえて情報を脳内にしっかりインプットできるようになりました。「これは間違いなくプラスの影響を及ぼしてくれるな」と感じて続けていたら、いつの間にか仮眠を取る選手が増えていきました。

遠征先でも、少しでもパフォーマンスを上げるために試行錯誤を続けました。たとえば午前中に大阪から東京に移動してナイターゲームを戦う、いわゆる「移動日ゲーム」はどうしても移動するだけで疲労を感じてしまいます。そこで私は体を錯覚させる方法を取り入れました。

わざと早い時間帯に移動して、遠征先のチーム宿舎で一時間ほど仮眠してから球場に向かう。そうすることで、「今日は移動日ゲームではなく通常のビジターゲームだ」と体に勘違いさせて、疲労感を少しでも減らしていたわけです。

十八年間の現役生活は、そんな工夫をひたすら続ける毎日でもありました。どうすれば試合に出続けられるか。どうすれば成功できるか。準備と課題克服を毎日追求し続けられたから、最後は悔いなくユニホームを脱ぐことができたのだと思います。

ちなみに私は現役を引退して三年近くが経過した今、体のどこにも痛みを感じていません。現役時代は数え切れないほどの重傷を経験したのに、今は膝も腰も肩も肘も、どこにも悪い箇所がありません。これは長く現役を続けた元選手に限れば、結構珍しいそうです。

現役引退後も一日に一〇キロ以上走れるだけの体は、目標を立て、自分で考え、悔いのない準備を続けた現役生活十八年間の証しでもあります。

そう考えれば、体をいじめ抜いた日々を多少は誇りに思ってもいいのかもしれません。

◎――巨人・坂本勇人選手に託した思い

今あらためて振り返っても、ショートは本当に特殊なポジションだと感じます。

どうしても激しい運動量が必要となるため、今でもプロ野球界では三十代中盤になると三塁にコンバートされるケースが定番です。私自身、三十五歳シーズンに北條選手が台頭して、一気に三塁コンバートの機運が高まっていました。

そういった経験もしているので、巨人の坂本勇人選手にはずっと注目していました。

日本プロ野球界で一人だけ、遊撃通算出場が二〇〇〇試合を超えているスタープレーヤー。歴代二位となる私の数字が二〇〇試合以上も少ない一七七七試合であることを踏まえれば、坂本選手がどれだけ突出した遊撃手であるかが再認識できます。

そんな坂本選手も二〇二三年終盤、ついに三塁にコンバートされました。三十五歳で迎えた今季は完全に三塁を定位置としています。

ケガも増えてきている中、あれだけの打力を生かすためには仕方がない措置であり、もちろん異論はありません。ただ、個人的には一抹《いちまつ》の寂しさも覚えたものです。

私は四十歳シーズンでショートを守ることができましたが、レギュラーではありませんでした。宮本慎也さんですら三十七歳、三十八歳の頃に主戦場を三塁に移しています。

三十代後半でショートを守るのは難しい。

球界にはびこる「年齢定年説」を上塗りしてくれるのは坂本選手しかいないと考えていたから、できる限り長い間ショートを守り、なんなら四十歳でもバリバリのレギュラーでプレーしてほしかったのです。

もちろん、坂本選手と私では三塁コンバートの事情が全然違います。私はまだ体は元気だったけれど、打撃面で不振に陥り、世代交代の波にのまれた形。坂本選手は遊撃守備中の負傷が少しずつ増えてきて、長く現役生活を続けるためにも三塁に移ったという前向きなコンバートです。

今はただただ坂本選手に一日でも長く一試合でも多く試合に出続けてほしいと願うばかりですが、では後釜に据えられた門脇誠選手が今後十年以上ショートを守り続けられるかといえば、それはまだ未知数としか言いようがありません。

二〇二四年現在、二十三歳の門脇選手は素晴らしい選手に間違いありません。とはいえ、遊撃手というポジションは一、二年守ることはできても、十年守り続けることは本当に難しいからです。それは二〇〇〇試合以上守り続けた遊撃手が坂本選手しかいない事実が証明しています。

たとえばヤクルトにしたって、宮本さんが三塁にコンバートされた後、不動の遊撃手がすぐに現れたかと問われれば、否定せざるを得ません。阪神でも私がレギュラーではなくなった後、絶対的なプレーヤーはまだ現れていないのが現実です。

パ・リーグには西武・源田壮亮選手やソフトバンク・今宮健太選手のように何年もショートを守っている選手がいますが、セ・リーグでは絶対的レギュラーと表現できる存在は一人もいません。阪神の木浪聖也選手は二〇二三年の日本一チームでショートに定着しましたが、二〇二四年は死球による左肩甲骨骨折で離脱を余儀なくされたこともあり、まだ不動のレギュラーとは言えない状況です。

遊撃手とは、それだけ負担が大きくハードルの高いポジションなのです。

具体的な話をすれば、遊撃手は走り回る距離が他のポジションより長く広いので、足への負担がかかります。一塁送球の距離も長く、どうしても肩肘にも疲労が溜まります。二塁手の場合はゴロを前にはじいてもアウトにできる可能性が十分ありますが、遊撃手ははじいたらセーフになってしまう可能性が高く、より確実性も求められます。

野球経験者の方なら「うんうん」と頷《うなず》いてくれるでしょうが、ノックを受けていても捕球するだけなら比較的楽なものです。ただ、捕ってから遠くに全力で投げるとなると、非常に体力を使います。

長い距離を投げるためには体勢を整えないといけません。体勢を整えるためには足のステップが必要になります。そんな作業を一四三試合ずっと積み重ねると想像すれば、体力と精神力を相当に削られていくポジションであることを理解してもらえると思います。

裏を返せば、それだけ難しいポジションだからこそ、不動のレギュラー選手になれば希少価値が生まれて、長く現役生活を続けることも十分に可能なわけです。

◎——四十歳で遊撃レギュラーは不可能ではない

ショートは守備力が重視されるポジションにも関わらず、通算二〇〇〇安打の達成者を見ると、元広島の野村謙二郎さんに石井琢朗さん、元日本ハムの田中幸雄《ゆきお》さんに宮本慎也さん、松井稼頭央さんに私、そして巨人の坂本選手と意外に遊撃出身者が少なくありません。

ただ、これだけ名手で強打を誇った方々がいながら、四十歳でバリバリのレギュラーを務めたプレーヤーは残念ながらまだ見当たりません。だからこそ、早く固定概念を吹き飛ばしてくれる選手が現れてくれることを心の底から願っているのです。

四十歳でも遊撃レギュラーであり続けるためには、ある程度の打力がないと厳しいでしょう。どれだけ守備力があっても、まったく打てないとなれば、さすがに首脳陣は若手にチャンスを与えるだろうと想像するからです。

一方、守備力に関しては、個人的には四十歳の選手が一年間ショートを守り抜ける可能性は十分あると考えています。

もちろん守備範囲は全盛期と比べて狭くなっていることでしょう。けれど、その分、経験値があります。狭くなった分の守備範囲を、先にポジショニングで数歩動いておくことでカバーできるかもしれません。

そんなふうに発想を転換させていけば、「四十歳で遊撃レギュラー」は決して不可能な目標だとは思いません。

第5章

プロ野球はショート目線で見れば面白い

自分の能力を把握する。準備をする。ミスを分析する。課題克服に向けて練習する。

◎――三六〇度の視野が必要なポジション

前章まではミスをしない選手に近づくための方法を紹介させてもらいましたが、皆さんはどう感じられたでしょうか？

この章では現役時代の大半を遊撃手として過ごした私ならではの視点を紹介することで、視野を広く持って考え続けることの大切さを伝えられたらと思います。

野球界ではよく「二遊間のレベルが高いチームは強い」と表現されます。実際、私もそう感じています。

二遊間の選手はグラウンドの真ん中に位置して、サインプレーからカットプレー、併殺プレーなど、他のポジションと比較しても際立って多くのプレーに絡みます。三六〇度まで視野を広げて、各ポジションをつなぐ役割も果たさなければいけません。

前方の飛球が苦手な外野手がいたら後方に深追いする準備をしたり、肩が弱い外野手がいる場合はカットに入る位置を数メートル外野方向にずらそうと考えたり、先を読んで他の野手のミスを助けることも可能なポジションでもあります。

大げさではなく、上空からグラウンド全体を見渡せるような視野の広さがないとなかなか務まらない守備位置。だからこそ、二遊間にハイレベルな選手を配置できているチームは強くなるわけです。

◎――データは指示されるものではなく活用するもの

私は最近、野球界の風潮をひそかに心配しています。

このまま考えない選手がどんどん増えてしまうのではないか。年々発達していくデータを有効活用する流れを否定するつもりはありませんが、データ任せになってしまっている選手が守備面であまりにも増えているように感じているのです。

特にポジショニングに関しては、選手が向上する余地が年々減っているのではないかと危《き》惧《ぐ》しています。

今は事前に集められたデータを元に「この選手の場合はここを守ってください」と指示が出されるケースが多くなっています。すると、選手は考える作業を必要としなくなります。もし仮にポジショニングの逆を突かれた打球が原因で試合に敗れたとしても、こんな言い訳ができてしまうからです。

「データとベンチの指示が間違っていたから自分は悪くない」

これは非常に危険な傾向だと、個人的には感じています。

自分で考え抜いた末のポジショニングで逆を突かれたら、選手は必ず責任を感じます。

「投手に申し訳ないことをしてしまった」

「次はもっと感覚を研ぎ澄ませて守らなければならない」

このように反省することで、成長の余地が生まれるわけです。

そういった環境がなくなりつつあることで、「考える選手」がどんどん減っていくのではないかと心配しています。

外野手の場合、場面場面でベンチからポジショニングを指示されて、その通りに従って終わりです。指示に逆らう選手は最近、見たことがありません。

一方、内野手のポジショニングは走者の有り無しによっても違いが出てきますし、外野手よりも圧倒的に複雑です。それなのに何も考えずにデータ任せにしていては、守備力を向上させていくのはなかなか難しいのではないでしょうか。

もちろん、現代の野球でデータは絶対に欠かすことができない材料に違いありません。

ただ、試合も選手も〝生き物〟です。

そこにはデータだけでは測れない調子や体調の良し悪《あ》しが存在します。

たとえばある打者のファウルの打ち方を見て、「あれっ、データと違う感じだな」と気づく時もあります。もし腰が痛くて今日はフルスイングできないのかもしれないと感じたら、データ上のポジショニングが三遊間寄りでも「あの打ち方では引っ張れない」と守備位置を変えてしまえばいいのです。

◎――データ通りの結果では面白くない

決して昔が正しかったと言いたいわけではありません。

この大前提のもとで話しますが、私がユニホームを着ていた時代はまだデータがそこまでチーム全体に浸透していませんでした。

阪神に弾道測定器「トラックマン」が初めて導入されたシーズンも確か二〇一八年。それまでは投手や打者の傾向と状態を重ね合わせながら、嫌でも自分でポジショニングを考えなければなりませんでした。

一方で、今振り返れば、「必死に考える」という作業の連続は遊撃手としての自分を間違いなくレベルアップさせてくれました。頼れるデータが少なかった分、常に試行錯誤を繰り返すことができたのです。

打者と投手の特徴を踏まえれば、普段はセンター方向への打球が多いけれど、今日に限れば三遊間に飛んでくるのではないか。

そんなふうに考えたポジショニングが失敗したら、また考える材料にしていました。

この「考える」という作業がデータ解析の進化によって削られすぎると、選手個々人の能力向上という観点ではデメリットが大きくなってしまいます。

今は驚くほど膨大なデータを選手が受け取れる時代。このデータを生かすも殺すも各自の取り組み次第です。

自分の目と感覚も日々研ぎ澄ませながら、データに指示されるのではなく、あくまでデータを活用する。そんな選手がもっと増えてくれることを切に願っています。

なぜなら、そうしないと野球がどんどん面白くなくなっていく気がするのです。

投手がデータ通りに投げて、打者がデータ通りに打って、データ通りの試合結果が出てしまったら、お客さんは果たしてどう感じるでしょうか。

データ上は抜けるはずの打球を防いだり、意外性のあるプレーによって試合展開が動いていくのも野球の醍醐味の一つです。

データを超越するプレーでファンを唸《うな》らせるプレーヤーが激減していかないことを、今はただ祈るばかりです。

◎――能見篤史さんが投げる時のポジショニング

私は現役終盤まで基本はショートを守っていたので、ポジショニングには一球一球本当に気を遣っていました。前に出たり後ろに下がったり、二遊間と三遊間にそれぞれ寄ってみたり……。投手の性格によって守備位置を考えるケースも多々ありました。

たとえば左腕エースだった能見篤史《のうみあつし》さんの場合、自分が打たれたと感じた打球は捕ってもらわなくてもいいから、打ち取れた打球をしっかりアウトにしてほしいタイプ。能見さんがマウンド上にいる時は、あえてオーソドックスなポジショニングから動かないのも一つの策でした。

投手の中には、安打だと思った打球がアウトになった喜びよりも、打ち取れた打球が安打になってしまったダメージの方を嫌がる人も意外と多いものです。

たとえばオリックス時代の吉田正尚《まさたか》選手（現・レッドソックス）と対戦した時、二塁手が一、二塁間の奥深くに守備位置を取っていたことで、打ち損じた二ゴロが内野安打になってしまうと、投手はガックリきてしまいます。

そういったパターンもあるので、特に二遊間の選手は常に広い視野を持っておくことが大事です。相手ベンチの空気感、相手走者や味方投手の動き、表情を一球一球確認し続ける作業が必要不可欠となるのです。

◎――自軍の捕手のサイン、相手の三塁コーチのサイン

ショートは捕手のサインも確認できるポジションです。

私は現役時代、実際にサインをすべて見ていました。

もちろん、投手によって直球や変化球のサインは違うし、走者の有無でもサインは変わったりします。最初から「どの球種をどのコースに投げる」と把握できているわけではありません。

とはいえ、野手が投球中にわざわざ「サインはどんな感じ?」とマウンドまで聞きにきたら投手は嫌がります。そんな空気感もあるので、何球か投げているうちに「これがストレートであれが変化球か」と分かるようになってから、サインを頭にたたき込んでポジショニングやプレーをイメージするようにしていました。

現役終盤に三塁を守っていた時は、さすがに左打者の時しか捕手のサインは見えませんでした。それでもつぶさに捕手の癖をチェックしていれば、構え方やジェスチャーで大体の球

種が分かるようになるものです。

「次にどんなボールを投げるか」を予測することは、内野手が準備の質を上げる上で欠かすことができない作業の一つだと考えています。

ちなみに私は三塁コーチャーが打者に伝えるサインも一応はチェックしていました。サインを見る数秒間、走者はベース上に戻っています。打者も打席を外しているのでインプレーにはなりませんからね。

もちろん簡単にサインが分かるわけではありません。それでも「あっ、何かいつもと雰囲気が違うから動きがあるかも」と事前に準備できるだけでも、プレーの質を大きく向上させられます。

広い視野を持ち、予測と準備を繰り返す。

特に二遊間のプレーヤーはそんな作業を一球一球、地道に続けているわけです。

◎——メッセンジャー投手に声をかけるタイミング

投手に声をかけにいくタイミングに関しても、私は臨機応変に対応していました。投手それぞれで気持ちに変化が現れるタイミングに違いがあるからです。

投球のテンポが速くなってくると危険な投手であれば、少しでも投球間隔が短くなればマウンドに行きました。

いったん「間」を置きたい場面、サインをきっちり確認しておきたいタイミングでも、サッとマウンドに向かいました。

内野手は投手の性格も把握しておく必要があります。

かつて阪神でエースと呼ばれたランディ・メッセンジャー投手の場合は、ストライクかボールかの判定で少しでも表情が変われば、すぐに声をかけにいきました。

メッセンジャー投手は投手コーチがマウンドに来ることを非常に嫌がります。でも、なぜだか私が近づいても怒ったりはしませんでした。もしかしたら同い年ということで親近感を抱いてくれていたのかもしれません。

そんな傾向もあったので、少しでも判定にイラつき始めた時は率先して自分がなだめにいくようにしていました。

彼は自分がストライクだと感じた一球をボールと判定されると、一気に感情が乱されるタイプでした。そんな時は自分が本気で思ってようが思ってなかろうが、こんなふうに声をかけました。

「あれはオレもストライクだと思ったよ。まあ、切り替えていこう」

メッセンジャー投手の場合、共感してくれる仲間がいると分かれば、徐々に気分が落ち着いていくからです。

私の経験上、内野手がマウンドに駆け寄ってくることを嫌う投手は決して少なくありませんでした。その投手なりのペースがあって、テンポを崩されるのを嫌がるのです。

一方、こちらも長年エースとして投手陣を引っ張ってきた能見篤史さんから「トリ、もっと声をかけに来てくれよ」と言われたこともありました。

野手目線で「ここは『間』を置いた方がいい」と感じても、投手は「どんどん向かっていきたい」と気合が入っているタイミングかもしれません。投手が野手に声をかけてほしいタイミングと、野手が声をかけたいタイミング。二つを一致させる作業は意外に難しいものです。だからこそ、内野手は投手がまとう雰囲気の変化を常日頃から観察しておく必要があるのです。

もちろん、声をかけにいくにはある程度の実績も必要になります。

たとえば、まだプロ一年目で結果も出せていなかった私が大ベテランの下柳剛さんに「切り替えていきましょう」と無邪気に声をかけにいくシーンを想像してみてください。きっと「おまえに言われたくないわ」と気分を害されて終わりでしょう。

現在の阪神でも、主砲の大山悠輔《ゆうすけ》選手が一塁から近づいてくるのと、エラーが続いている選手から声をかけられるのとでは、投手の感情にも違いが出てくるはずです。

内野手はそんな距離感、空気感も考えながら一球一球、声かけのタイミングをうかがわないといけないわけです。

◎――二遊間プレーヤーの「職業病」

二遊間の選手は他にも、たとえば、一塁に走者がいる時は、投ゴロ併殺打でどちらが二塁ベースに入るかなど、常に誰かと連係を取っていかなければなりません。「周りを見る」という習慣が勝手に癖づいていきます。

そんな現役生活を十八年間も送ってきたからでしょうか。私は現役引退後、ある「職業病」に悩まされています。

視野を広く持つ癖がなかなか抜けず、プライベートでも見る必要がない部分まで見えてしまって、ひそかに困っているのです。

道を歩いていた時、相手が「あっ、鳥谷敬だ」と気づいたとします。その方が自分とすれ違うまでは知らない振りをしてくれたとしても、通り過ぎてからこちらを振り向いている動きに気づいてしまいます。そんな癖は電車に乗っている時も、人の服装が目に入った時も消せません。

「あっ、この人もうすぐ椅子から立ち上がりそうだな。次の駅で降りたいんだろうな」

「この人はネクタイがキツそうなぐらい首が太いから、昔アメリカンフットボールをやっていたのかな」

現役時代に打者や走者、投手のわずかな動きの変化をキャッチする仕事をしていたから か、今でも人の動きが気になって、いちいち予測や想像をしてしまうのです。

もしかしたら、これは元二遊間選手や元捕手からすれば「あるある話」なのかもしれませんね。

いまだにそんな癖が抜けないぐらいなので、解説や評論の仕事で試合を見ている時も、ついつい選手の細かい動きに興味を持ってしまいがちです。

ピンチに陥った時、「もうそろそろ捕手か野手がマウンドに行った方がいいな」と感じたのに、誰も声をかけにいかない場面があったとします。その直後に手痛い失点を喫したら、私は「あのタイミングで誰かが間を置いていたら長打が単打になったかもしれない」と考えてしまいます。

逆に声をかけにいかずに成功したら、「あえて投手のペースを崩さないようにしたのかな」と想像したり……。

他のポジションを守っていた元プロ野球選手とはまた違った視点で日々、試合を楽しんでいるような気もします。そんな私なので、個人的にはバッテリーと打者の駆け引きもよく楽しんでいます。

◎――捕手ならではの読みのバッティングと先を見すえた戦い方

今年、広島と巨人の試合を解説させてもらった時がありました。

広島がチャンスを迎えた時、広島の會澤《あいざわ》翼選手が初球の内角高め真っすぐに対して、明らかに振り遅れて空振りしました。それなのに、次も同じ内角高めの直球を投げられると、今度は左中間に二塁打を打ち返しました。

會澤選手は初球、完全に変化球を待っていました。そこで内角高めに直球が来たら、本音をいえば見逃したいところです。ただ、見逃してしまうと、今度は変化球狙いを見透かされてしまう可能性もあります。

一方、本当は変化球狙いだったとしても、初球の直球を空振りすれば、相手バッテリーは「ただ単に真っすぐに合っていないだけかもしれない」とも考えます。そこでもう一球ストレートが来たところを、會澤選手は狙い澄まして捉えたわけです。

捕手ならではの読みで、打つボールを呼び込んでいく。

そんな駆け引きを目にすると、野球の醍醐味を満喫できた気がしてうれしくなります。


阪神と巨人の甲子園ゲームでも今春、興味深いシーンがありました。

一対一の同点で迎えた八回表、阪神の岩崎優《すぐる》投手が巨人の二番・佐々木俊輔選手に四球を与えました。１死一塁となり、三番・門脇誠選手はバントの構え。手堅く犠打で送るのかと思いきや、佐々木選手がスタートを切って二盗に失敗しました。

２死走者なしとなってから門脇選手、四番・岡本和真選手に二連打が飛び出したので、巨人ファンからすれば「もったいなかったな」と感じる展開だったかもしれません。

ただ、私は巨人ベンチの思惑も想像して「なるほどな」と一人納得していました。

阪神ベンチからすれば、確実に犠打で送られて、２死二塁で岡本選手、五番・坂本勇人選手と続く流れの方が嫌だったはずです。この時点で岡本選手は三割六分から三割七分の高打率を記録していたのです。

それでも巨人ベンチは佐々木選手の二盗を選択しました。これは長いシーズンの先々を見すえた作戦だろうと、私は想像しました。

巨人は今季、阿部慎之助新監督のもとで生まれ変わろうとしています。アグレッシブに仕掛けていくんだ、という方針を明確に示す意味でも、あの場面で勝負を懸けたのだと思います。

野球というスポーツでは力対力の勝負だけでなく、あらゆる場面・場所でひそかに知恵比べが行われています。野球ファンであれば当然、誰だってロッテ・佐々木朗希《ろうき》投手の一六〇キロの剛速球を見たくなるものでしょう。

それと同時に、一瞬一瞬のワンプレーを巡る両チームの駆け引きを想像すれば、また一段と野球の奥深さを味わってもらえるかもしれません。

二〇二四年四月二十一日のマツダスタジアムでの巨人対広島戦、四回1死満塁から巨人の小林誠司選手はセーフティスクイズを試みました。セーフティスクイズとは、ボールが転ったのを確認してから三塁ランナーがスタートする攻撃です。スクイズがフライや空振りになって、三塁ランナーがアウトになるのを防ぐことができます。結果は投前に転がって失敗となりましたが、試合後の阿部監督は「一塁手が一塁ランナーの後方にいたので」とコメントしていました。

また「なぜバッテリーはあんなボール球を振らせられたのか」と配球の伏線を振り返ってみるのも、もう一つの楽しみ方だったりするわけです。

◎――中間守備をとらない岡田監督

私個人の野球の見方をさらに紹介しましょう。

たとえば１死一、三塁の場面での守備隊形なんかも気になったりします。チームによっては、定位置よりは前だけれど前進守備よりは後ろに下がる「中間守備」、という指示がたまに出ます。これは内野ゴロが飛んできた時、ホームでアウトにしてほしいけれど、もし併殺を取れそうなら併殺を選んでほしい、という作戦です。

私はこの守備隊形を見る度、ベンチが選手に判断を委ねる「逃げの作戦」だと考えてしまいます。現役時代にショートを守っていた時、「中間守備」を指示されると、考えることが増えて大変だったからです。

得点を与えたくない。でも併殺もほしい。しかも判断は選手に任せる。

これではあまりに欲深すぎる作戦じゃないかと思ってしまうのです。

だからこそ、阪神の岡田彰布監督が１死一、三塁から出す指示に、いつも「さすがだな」と感じています。

岡田監督はあまり「中間守備」のような曖昧な指示を出しません。

ホームでアウトにしてほしい時は前進守備。併殺を奪ってほしい時は定位置。私が岡田監督のもとでプレーした二〇〇四年から二〇〇八年までの五年間は少なくとも、選手が分かりやすい指示を徹底していました。

実際、再び阪神タイガースで指揮を執っている二〇二三年からの第二次政権でも、私が見ている限りは「中間守備」は見ていません。

どっちつかずの指示がないから選手は迷いなくプレーできるのだろうなと、阪神戦を解説しながら想像しています。

◎——「岡田ルール」に感じること

岡田監督といえば、昨季はルールまで変えてしまいましたね。

二〇二三年九月、プロ野球一二球団と日本野球機構が理事会・実行委員会を開いて、塁上のブロッキングに関するルールの運用を変更しました。

従来は盗塁の試みがセーフのタイミングでも、野手が塁を完全にふさいで走者がタッチアウトになった場合、野手のブロックが意図的ではなく送球がそれるなど不可抗力によるものだと判断されれば「走塁妨害」とはならず、走者はアウトになっていました。

これが九月五日から変更され、今後も故意でなければ走塁妨害とはしないが「ブロッキングベース」とし、走者の不利益を取り除くためにセーフとして、盗塁も記録されるようになりました。牽制など帰塁の場合もその対象となったそうです。

ルール変更は阪神・岡田監督の猛抗議がきっかけでした。

同年八月十八日のDeNA—阪神戦（横浜スタジアム）で九回、阪神・熊谷敬宥《くまがいたかひろ》選手が二盗を試みた際、捕手からの送球を捕ったDeNA・京田陽太選手の足が二塁ベースを完全にふさぐ形になりました。結局セーフ判定がDeNAのリクエストでアウトになり、審判団は「故意ではない」として京田選手の走塁妨害を認めませんでした。

この判定に対して岡田監督が抗議したことで、運用変更の機運が高まったわけです。

「ブロッキングベース」ルールは二〇二四年シーズンからアメリカの大リーグでも導入されましたが、個人的には今後も適用されるケースは決して多くはないと予想します。

というのも、あの時の京田選手のブロッキングは極めて危険なプレーだったからです。

ただでさえ、内野手は捕手のようにプロテクターを装着しているわけではありません。何もガードするものがない中、自分が大ケガをする可能性があるのに野球人生を懸けてまで捨て身の技を使う選手はほぼいません。

そう考えれば、あのプレーは京田選手の技術不足だった可能性があります。

現にこれまで一、二、三塁ベース上で似たようなブロッキングが目立っていたわけではありません。

もちろん万が一のためにルール変更したことは正しいのでしょうが、そもそもホームベースではない塁上でのブロッキングは通常はあり得ないプレーになります。

内野手はやはりルールの有無にかかわらず、大ケガにつながるプレーを避けながらベストを尽くす、視野の広さを身につけていなければなりません。

判定でいえば、二〇一八年から監督がリプレー検証を審判に要求できる「リクエスト制度」が導入されたことで、細部のプレーにおける〝テクニック〟が通用しなくなりました。

私も現役でプレーしていたから何度も記憶していますが、リクエスト制度が導入される前であれば、内野ゴロで併殺プレーを奪いにいく際、二塁ベースをきちんと踏めていなかったケースも実は結構多かったはずです。一塁手が精いっぱいグラブを伸ばして捕球した直後にベースを蹴る動きにしたって、捕球する前にベースから離れてしまっていたプレーは少なからずあったと思います。

それが今は少しでも怪しければ一個一個スロー再生されてしまいます。内野手にとって厳しい時代になりました。

昔は野手であれば「アウトに見せる技術」、走者であれば「セーフに見せる技術」もテクニックの一つでした。

人間が肉眼で確認できない部分を技術でカバーするところにも醍醐味、面白みもあったのですが、今はそんな〝ごまかし〟がまったく効かない時代になりました。もちろん以前にも増して正確なジャッジが下されるようになったわけで、それ自体は本当に素晴らしいことなのですが……。

プロ野球選手ならではの一瞬一瞬の技、審判との駆け引きが今後どんどん減っていくのだろうと想像すると、元内野手としては少し寂しくなったりもします。

あまりにデータや機械の影響が強まりすぎると、守備の進化は今後さらに妨げられてしまうのではないか。そんな不安が脳裏をよぎるのです。

◎――守備は果たして進化しているのか？

皆さんは野球界全体の守備力は年々レベルアップしていると感じますか？

私は正直、「はい」と即答できません。

投球や打撃に関しては進化を続けていると感じられます。

弾道測定器「トラックマン」、動作解析システム「ホークアイ」などの導入によって、あらゆる数値を計測できるようになったからです。ボールの回転数だったり、スイングの角度が明確に数値化されるようになったことで、投手や打者は「どうすれば抑えられるか」「どうすれば打てるか」について目標を立てやすくなりました。

一方、守備は数十年前と比べて進化しているのでしょうか？

特に内野守備は単純に数値化しづらいプレーでもあります。今では守備範囲などのデータが評価の指標の一つとして認められ始めていますが、これも守備力を完璧に表せているかといえば、なかなか難しいところです。

土の上でゴロをさばかないといけない甲子園やマツダスタジアムと人工芝の球場とでは、難易度が格段に違います。たとえ守備範囲が狭くても、ボールが飛んでくる場所を先に予測して守れていれば、それはそれで守備範囲をカバーできていることになります。

たとえば巨人や横浜（現・ＤｅＮＡ）で活躍された仁志敏久《にしとしひさ》さんはあまり打球にダイブしている印象がありません。それは飛んできそうな場所をあらかじめ守れていたからだと思います。逆にどれだけ守備範囲が広かろうが、捕球してから悪送球を繰り返していたら意味がありません。

打球に対する一歩目を早めに踏み出せたかどうかなども、簡単に数値化できるものではありません。そういった観点で見ても守備の数値化はなかなか難しく、「この数値が上がったからうまくなっている」とは表現しづらいのです。

◎――野球界のトレンド

野球界にはどの時代にも必ず「トレンド」があります。

その時々で選手それぞれに期待される役割は変わるものです。

たとえば打撃フォーム。

以前は右打者なら右足、左打者なら左足となる軸足に体重を乗せ、軸回転でスイングするフォームが主流だった時期がありました。それが今は、右打者なら左足、左打者なら右足となる前足に体重を乗せて打て、という指導も出てきていると聞きました。

これはどちらが正しいのかと聞かれたことがありますが、結論からいえば、両方できるに越したことはありません。

前足で打つか、後ろ足で打つか。これは投手の球種によって正解が違ってきます。

昔はカーブやスライダーといった緩く大きな曲がり球を変化球の軸にする投手が多かったので、前足に体重を乗せて打っても良かったのです。

するとと今度はカットボールなど速く小さく曲がる変化球を軸にする投手が増えてきて、打者は後ろ足に体重を乗せて打たなければ追いつかなくなりました。

そうなると、またカーブを効果的に使う投手が出てきて、打者は対応しないといけなくなります。

投手と打者の歴史はこのように「イタチごっこ」を繰り返しています。

どちらかの打ち方しかできないと、打てないボールが出てきてしまう。だから、両方の打ち方をマスターしておくに越したことはないわけです。

守備のポジションによっても「トレンド」はあります。

たとえば捕手であれば、打力を重視された時代、守備力を優先される時代が交互にやってきています。古くは南海、ヤクルト、阪神、楽天で監督を務めた野村克也さんが現役で六五七本塁打を記録した時代、ヤクルト・古田敦也《あつや》さんや大リーグのマリナーズでも正捕手を務めた城島《じょうじま》健司さん（現・ソフトバンク球団会長付特別アドバイザー）たちの時代は、打力もなければ正捕手にはなれませんでした。それが今は再び守備力重視の流れになっています。

二遊間の選手にも「トレンド」は存在します。ヤクルトでフルスイングする池山隆寛《たかひろ》さん（現・ヤクルト二軍監督）や巨人の二《に》岡智宏《おかともひろ》さん（現・巨人ヘッド兼打撃チーフコーチ）に憧れて育った世代は「打てる遊撃手」を目指すでしょう。一方で西武の源田壮亮選手に憧れる子供たちは今度、守備を突き詰める選手を目指すかもしれません。

打者にしたって、日米球界で大活躍されたイチローさんや松井秀喜さん、大谷翔平選手が右投げ左打ちだと、子供たちは「右投げ左打ち最強説」を唱えてスターの真似をするものです。かくいう私もその一人です。ですが、左打ちの選手が増えると、今度は右打ちが重宝されて増えていきます。

このように振り返るだけでも分かる通り、プロ野球界には各時代によってトレンドの移り変わりがあります。

◎――吉田義男さんの指導

それなのに、内野守備の極意に関しては、今も昔もさほど違いが感じられないのが興味深いところです。

ゴロのさばき方を考えてみると、何十年も前からベースは変わっていません。

上から捕りにいくのではなく、下から捕りにいく。

名手と呼ばれた選手は皆、スタイルは違っても同じベースを大事にしています。

私はプロ一年目で初めて参加した二〇〇四年二月の沖縄キャンプ中、阪神の大先輩でもある往年の名手、吉田義男さんに守備をチェックしてもらう機会に恵まれました。雨が降っていたので室内練習場で指導してもらったのですが、その際のアドバイスに違和感を覚えた記憶がありません。

現役時代に牛若丸と称された吉田さんと私は四十八歳もの年齢差があります。

それでも吉田さんは私のボールの捕り方を頭ごなしに否定することはありませんでしたし、私も吉田さんの言葉がスッと入ってきました。

これは内野守備の極意が昔から大きく変化していないことを証明するエピソードなのかもしれません。

むしろ、私は昔の方がゴロをさばくプレー一つにしても難しかったのではないかと想像します。

今はグラウンドが驚くほどきれいに整備されているので、数十年前と比べればイレギュラーの数は格段に減っているはずです。昔は「公園で守っている」と表現したくなるようなデコボコのグラウンドでもプレーしていたのでしょうし、そう考えれば、名手と呼ばれた大先輩たちのすごさにあらためて気づきます。

それと同時に、広島・菊池涼介選手のように、往年の名手たちも一目置くような二遊間プレーヤーがもっと増えてくれることを願ってもいます。

先に述べた通り、二遊間のプレーヤーはカットプレーや併殺プレーなど多くの連係プレーに絡む、守備陣の根幹です。二遊間のレギュラーが決まらなければ、チーム全体の守備力はなかなか安定しません。

これから球界全体の守備力を底上げしていく上で、不動のレギュラーと呼ばれる二遊間プレーヤーの増加は欠かせないからです。

◎——ボールだけを見る選手、すべてを俯瞰できる選手

では、「守備がうまい内野手」とはどのような選手を指すのでしょうか？

私が考える共通点を一つ紹介させてもらうならば、それは「飛んでくるボールだけを見ない選手」になります。守備が上手な選手はやはり視野が広いのです。

人間はしっかりボールを見ようとすればするほど、必ずといっていいほどボールの方向に顔や体が寄ってしまうものです。

打席内でも「アウトコースのボールをしっかり見なければ」と意識すればするほど、知らないうちに体がアウトコース側に倒れていってしまいます。

守備も似たようなものです。飛んでくるボールばかりを見ていると、どんどん背中が折れて視野が狭くなってしまうのです。

守備力の高い内野手はほぼ間違いなく、飛んでくる打球に加えて走者、味方野手の動きまですべて視界に入っています。

見えている景色の中に打球がある、というイメージです。

一方、守備に苦しむ内野手の場合、ボールしか見えなくなって、走者の動きを視界に入れられていないケースも多々見られます。

だから打者走者がつまずいたり、走る速度を緩めているのに、勝手に焦ってミスをしてしまう選手がたまに現れるのです。

慌てなくても余裕でアウトにできる場合、落ち着いてプレーすればするほどミスの確率を減らせるのは言うまでもありません。

守備がうまい選手は走者の動きをすべて把握できていますから、そういった強弱の付け方も上手なのです。

たとえば宮本慎也さんや井端弘和さん、私が現役時代に阪神の守備コーチとして指導を受けた久慈《くじ》照嘉《てるよし》さんたちは皆、どんな打球に対してもギリギリでアウトにしているイメージがありませんか？　これは打者が走る速度に合わせて自分も動けているからできる芸当なのです。

私は幸いにも、周囲の動きを視界の中に入れられるタイプではありました。だから現役終盤から引退後にいろんな方々の話を聞くようになって、走者の動きを視界に入れられない選手もいるのだと聞いて、少し驚いたものです。

この感覚に関しては、打席内での視野にも通ずるものがあります。

強打者と呼ばれる人たちの多くは、投手が投げてくるボールだけを見ているわけではありません。球場全体を視界に入れた中で、投手がボールを投げてくる感覚のはずです。だから走者がスタートを切ったり、内野手が打つ直前に守備位置を変えた動きまできっちり把握できています。

一方、なかなか打撃成績を上げられない打者の中には、投じられたボールしか目に入っていない選手もいます。だから、たとえば盗塁のサインが出ながら走者がスタートを切れなかった場面でも、走者の動きが見えていないから平然と甘いボールを見送ってしまうのです。

特に二遊間を守る選手の場合、この「視野が広いか狭いか」の違いでプレーの質に大幅な差が出てしまいます。

私は長らくショートを守ってきたので、二遊間を守る選手としての感覚が染みついています。

二遊間は場面や流れによって守備位置やプレーの優先順位を目まぐるしく変化させないといけないポジションです。

このイニングでこの場面だったら、相手はこんな作戦を考えているだろうからポジショニングはここだな。

こっちのブルペン陣は右投手が残り何枚で左投手は何枚。そう考えたら相手はもうそろそろ代打を出してくるだろうな。そういった予想、予測を常にしていたので、解説者や評論家となった今も現役時代と同じような感覚で試合を見ています。

もちろん、ポジションによってはそこまで試合展開を読む必要がなく、自分が果たすべき役割のみに集中して一流選手になった方々も数え切れないほどいます。

これはどちらがいい悪いという次元の話ではありません。

ただ、二遊間を守る選手に限れば、視野が広く、試合展開も読める選手の方が成功している確率は高いように感じます。

◎――「身体能力型」と「堅実型」

次はプレースタイルについても紹介させてもらいましょうか。

二遊間プレーヤーのタイプは大まかなくくりで二つに分けられます。「身体能力型」と「堅実型」です。

ロッテなどで名手と称された小坂誠さん、西武、メジャーで活躍された松井稼頭央さんたちは「身体能力型」だと感じていました。現役選手ではソフトバンクの今宮健太選手も「身体能力型」。西武の源田壮亮選手は「身体能力型」と「堅実型」をミックスさせた技術の持ち主だから、誰からも「うまい」と評価されるのだと思います。

「身体能力型」の魅力は意外性です。

常人では捕れない打球を捕れたり、普通は投げられない体勢からでも強いボールを投げるなど、人を引きつけるプレーを披露できます。

一方、「堅実型」は元ヤクルトの宮本慎也さんや落合博満監督時代の中日を支えた井端弘和さんらのイメージです。

妥協なき練習から作り上げた自分の形を持っていて、ミスをしない確率が高く、打球が飛んでも安心感があります。私は決してプロ野球界で身体能力が高いわけではなかったので、「堅実型」の部類に入るでしょうね。

年齢を重ねるにつれてタイプを変えていく選手もいます。

広島の菊池涼介選手や巨人の坂本勇人選手なんかは、若手の頃は「身体能力型」だったのに、ベテランになるにつれて「堅実型」の要素も手に入れている印象です。

当たり前の話ですが、二十歳の体と三十五歳の体を比べれば、一般的に二十歳の方が元気です。身体能力だけに頼り続けていると、徐々に体にかかる負担を乗り越えられなくなっていきます。そういう観点で見れば、菊池選手や坂本選手は長く現役生活を送るために理想的な変貌を遂げているのではないでしょうか。

私の古巣である阪神の二遊間プレーヤーにも目を向けてみましょう。

遊撃手の木浪聖也選手は自分で形を作り上げる「堅実型」でしょうね。二塁手の中野拓夢選手は「身体能力型」。遊撃手の小幡竜平選手もどちらかといえば身体能力の高さを売りにしている内野手だと感じます。

一方、巨人で遊撃レギュラー定着を期待される門脇誠選手は間違いなく「身体能力型」になります。誰が見ても他の選手よりもスピード感で優れていますからね。

門脇選手は昨季、当時の原辰徳《たつのり》監督が坂本選手を三塁にコンバートしてまで遊撃起用を続けたプレーヤーです。潜在能力の高さはわざわざ説明するまでもありません。

自分が「堅実型」だったからよく理解していますが、「堅実型」から「身体能力型」への変身は不可能に近いものがあります。

木浪選手が急に門脇選手のように高く遠くにジャンプしたり、速く走れるようになることは難しいからです。

ただ、「身体能力型」から「堅実型」への移行は菊池選手や坂本選手の例があるように、練習を続ければ可能だと考えられます。門脇選手も「堅実型」の要素をコツコツ身につけていけば、いずれは球界を代表する遊撃手になれる可能性を秘めています。

私は現役時代、「身体能力型」の選手に憧れにも似た感情を抱いていました。

プロ二、三年目に大リーグのスーパープレー集を目に焼きつけていた頃は、メジャー球史に残る名手、オジー・スミス選手の衝撃プレーを見る度に感動していました。

体の左側にダイブしながら右側に跳ねた打球を素手でキャッチするなんて、世界中の内野手を見渡してもなかなかできる選手はいません。

身長は一八〇センチで私と変わらないのに、なぜこんなプレーができるのだろうと、毎日のように自問自答したものです。

他にも当時ヤンキースの二塁手として大活躍していたロビンソン・カノ選手は、併殺プレーで二塁ベースに入った後の送球が驚くほど強かった記憶があります。

二〇一三年のＷＢＣでオランダ代表の遊撃手だったアンドレルトン・シモンズ選手、現役選手ではパドレスの三塁手マニー・マチャド選手も座ったままでも強く送球できるぐらい肩が強くて、うらやましい限りでした。

◎──一番うまいと感じる選手は……あの名手

そんな名手たちの話題に花を咲かせていると、いろんな方々からよく聞かれます。

「一番うまいと感じる遊撃手は誰ですか？」

これはなかなか究極の難問です。人それぞれタイプが違えば、時代背景も違うからです。

それでも返答を求められれば、私は一人の先輩の名前を挙げさせてもらいます。

小坂誠さんです。

今でも覚えているシーンがあります。

ある年のロッテ戦で阪神打線が二遊間に打球を転がした時、「これはセンター前ヒットだな」と思った打球が何度も小坂さんに捕られたのです。しかもギリギリで追いついた結果の捕球ではなく、当たり前のように正面で捕球していたから心底驚きました。

打球に入っていくスピード、体の上下動の小ささは本当にズバ抜けていたと感じます。

実は小坂さんとは私がロッテに在籍した二〇二〇年、二〇二一年の二年間、二軍の浦和球場で一緒に汗を流させてもらっています。

当時の小坂さんは育成兼走塁コーチ、育成守備走塁コーチという立場で、二軍で調整していた時期にノックを打ってもらったりしました。早朝から一人早く球場入りして、アップをしてノックを打つ練習をしているような方でした。

あれだけ身体能力が高い選手でもやっぱり準備を大事にしていたのだなと、当時はなんだかうれしくなったものです。

またとないチャンスだったので、小坂さんにはいろいろ聞かせてもらいました。ただ、自分の成功体験をひけらかすタイプの方ではなかったので、最後までなかなか答えを教えてもらえずに苦労しました。

小坂さんのグラブはいつもしっとりしていてボールがグラブ内で暴れません。そこで理由を聞きにいくと「もしそんな感じにしたかったらグラブを預かるよ」とはぐらかされてしまいました。捕り方を尋ねても「人それぞれだから自分に合う形で練習した方がいいよ」とサラリ。職人肌の空気を感じ取り、「これが本物のプロ選手だよな」と妙に納得したものです。

ちなみに現役選手では二〇二四年、広島の矢野雅哉《まさや》選手が遊撃手として一気に台頭しましたね。タイプ的には間違いなく「身体能力型」。たまに想像を超える捕り方、投げ方を選択するケースも見られますが、実は「アウトを奪うためにどう動くか」を逆算できているところに大いなる魅力を感じます。

矢野選手はボールへの独特の嗅覚という点で、同じ広島の菊池選手に近いモノも感じます。

たとえば左翼線への飛球を追いかけにいく時、遊撃手は走ってくる左翼手の姿が必ず視界に入ります。すると普通は少し走るスピードを緩めたり、衝突しないように気を遣ってしまうものです。その点、矢野選手の場合はそういった恐怖心を一切排除して、落下地点に向かって一直線に走ってダイブすることができます。これは練習すれば身につくテクニックではなく、人には真似できない才能と言えます。

思い返せば、二〇二四年二月に評論取材で宮崎・日南キャンプを訪れた際、広島の新井貴浩監督や藤井彰人《あきひと》ヘッドコーチが矢野選手を絶賛していました。

「あいつは一試合に二、三失点を防げるだけの守備力がある」

そこまで評価していた首脳陣からすれば、今季のブレークは驚きでも何でもないのかもしれません。

二遊間コンビという観点で見れば、菊池選手と矢野選手は一二球団を見渡しても二〇二四年のベストペアと表現しても差し支えないのではないでしょうか。

◎――私が考えるベストナインとゴールデン・グラブ賞

では、現役時代をともにしていない選手も含めれば、日本球界のベストメンバーはどのような方々になるのでしょうか。

せっかくなので、私が考えるベストナインの一〇人、ゴールデン・グラブ賞の九人をそれぞれ発表してみたいと思います。

自分が生まれる前に大活躍されていた大先輩方のプレーは動画でも見たことがないので、今回は候補から外させてもらいます。あくまで私の独断と偏見にすぎないので、肩肘を張らずに楽しんでもらえると幸いです。

まずは純粋にポジションのトップ選手を選ぶベストナインから。

投手は二〇二四年五月に日米通算二〇〇勝を達成したダルビッシュ有投手（現・パドレス）です。一流と呼ばれる投手の多くは素晴らしい球種を二、三種類は持っているもの。ただ、ダルビッシュ投手の場合は真っすぐ、スライダー、カーブ、カット……どの球種も一級品で、打ち崩すのは至難の業でした。優れた球種の豊富さでは群を抜いていましたし、変化球の動かし方を年々更新していく向上心も含めて、別格のレベルだと感じます。

捕手は元ヤクルトの古田敦也さんです。野村克也さんの現役時代を知らない私にとっては、初めて出会った「打って守れる捕手」。その存在自体が衝撃的でした。

一塁手は元横浜（現・DeNA）、中日のタイロン・ウッズさん。飛び抜けた飛距離のすごさはもちろんですが、実は逆方向に打ったり配球を読んだり、その賢さも印象的でした。

二塁手は井口資仁さんです。自主トレを共にさせてもらう中、ボディーバランスの良さには何度となく驚かされました。右打者で右方向にも本塁打を打って、「守備はうまいけれど打席ではつなぎ役」という二塁手のイメージを変えてくれた選手でもありました。

三塁手は阪神の大先輩でもある「ミスタータイガース」掛布雅之さん。逆方向にも本塁打を打てて、何より華がありました。あれだけファンやメディアの注目度が高い阪神で四番の成績を残し続けられたすごさは、私も後輩なので十二分に理解しているつもりです。

遊撃手は松井稼頭央さん。打っては右左の両打席で本塁打を打てる。守っては強肩でスピードもあって、その華やかさに憧れを抱いたものです。

外野手の三人はイチローさん、松井秀喜さん、現役選手からはソフトバンクの柳田悠岐《やなぎたゆうき》選手を選ばせてもらいます。

イチローさんは打撃面に関して私が語るのもおこがましいぐらいですが、レーザービームの印象も強く残っています。日本人も肩でメジャーの選手と勝負できることを教えてくれた衝撃的なスタープレーヤーでした。

松井さんはやはり勝負強さですよね。ヤンキース時代にはポストシーズンで大活躍されていましたが、本塁打一本にしてもドラマ性が強く、テレビ画面越しによく興奮させられたものです。

柳田選手は身体能力の高さと、あのフルスイングですね。打球の飛距離に強肩、俊足。野球人なら誰もがうらやむ能力の持ち主だと思います。

そして、指名打者はもう大谷翔平選手しかいませんよね。

大谷選手でもっとも驚かされたポイントは打球の飛距離です。日本人選手がヤンキースのアーロン・ジャッジ選手と対等に本塁打争いできる日が来るなんて、私が学生の頃は想像もできませんでした。日本にいた頃よりもメジャーで本塁打数を増やした選手は大谷選手が出てくるまでいませんでした。二刀流も含め、何から何まで規格外としか言いようがありません。

◎——日本ハム万波中正選手の強肩は球界史上屈指

続いてゴールデン・グラブ賞にいきましょうか。

試合に出続けていた選手の中でも純粋に守備力にフォーカスして考えてみます。

投手はレッドソックスなど大リーグ球団でも主戦を務めた元西武の松坂大輔さん。フィールディングとか牽制球とか、細かい引き出しも非常に多く持っていた印象があります。

捕手はこちらも古田敦也さん。リードに送球動作の速さ、中でもフレーミングが本当に巧みでした。対戦していた時、ボール球だと判断した一球を何度ストライクと取られたか……。コースによってわざと捕球する場所を変えたり、体の位置を変えたり、変化球が沈まないように捕球したり、初めてフレーミングに注目を集めた捕手だったと感じます。

一塁手は巧みなハンドリングで何度となく助けてもらった阪神時代の同僚、クレイグ・ブラゼルです。身長一九一センチで的も大きくて、本当に投げやすい一塁手でした。

二塁手は広島の菊池涼介選手で異論はないでしょう。ボールとの距離感の取り方が上手で、どんな体勢からでも投げられる。体が倒れながら送球するプレーはなかなか真似できるものではありません。

三塁手は中村紀洋《のりひろ》さん。近鉄などで主砲を務めた打力の印象が強いですが、グラブさばきは素晴らしいものがありました。送球にも際立った安定感がありました。

遊撃手はもちろん小坂誠さんです。先に紹介させてもらった通り、個人的にはナンバーワン遊撃手だと思っています。

そして外野手はイチローさん、新庄剛志《しんじょうつよし》さん（現・日本ハム監督）、現役選手では日本ハムの万波中正《まんなみちゅうせい》選手も入れたいですね。

この三人のすごさは「抑止力」です。犠牲フライに十分な飛距離があっても、二塁から安打でホームに帰ってこられそうでも、少しでも微妙だなと感じる打球であれば走者はスタートを切れません。三塁コーチャーに走者を止めさせる、次の塁を狙わせない力が超一流の外野手なのです。

ちなみに万波選手が在籍する日本ハムは二〇二四年、新庄剛志監督のもと、アグレッシブな走塁と高い守備力で野球ファンを沸かせています。三年目を迎えた新庄監督は就任当初から守備力を重視した細かい野球を掲げていて、過去にも走塁のスペシャリスト赤星憲広さん、中日の名手として鳴らした荒木雅博さんをキャンプ臨時コーチとして招いてきました。

スモールベースボールを前面に押し出しているチームの中でも、万波選手の守備力は決して欠かすことができない重要なパーツの一つに違いありません。あの強肩は長い球界史を振り返っても、相当上位に来るレベルだと感じます。

このように各ポジションを振り返っていくと、すでに現役を引退したレジェンドの名前がどうしても多くなってしまいますね。ただ、個人的には今後、万波選手のように名プレーヤーたちの牙城《がじょう》を切り崩す選手が次々に誕生することを願ってやみません。

私が長年守ったショートには二十代前半の有望株が続々と芽を出し始めています。セ・リーグではヤクルト・長岡秀樹選手や巨人・門脇誠選手、広島・小園海斗《こぞのかいと》選手に矢野雅哉選手、DeNA・森敬斗《けいと》選手、パ・リーグでもオリックス・紅林《くればやし》弘太郎選手らが一流選手への道を歩み始めています。

彼らがこれから何年も遊撃レギュラーに君臨して、自分たちの新たなスタイルを作り上げていってくれることを心の底から期待しています。

◎——自分のスタイルは自分にしか作れない

「誰の真似をすれば内野守備がうまくなりますか？」

指導者の肩書を持ってから、何度も聞かれました。

正直に言えば、その度に悩みます。

現役プレーヤーの中でもっとも上手だと感じる内野手は西武の源田壮亮選手になりますが、源田選手の守備はもう応用編です。

捕ってステップを踏んで投げるという基礎を固めたい場合、堅実な阪神・木浪聖也選手の体の使い方も面白い教材かもしれません。

ただ、一つだけ、どんな時も覚えておいてほしいポイントがあります。

他人の真似をするだけでは絶対にうまくなれません。

どれほどの一流選手だとしても、他人の完成形はあくまで〝参考資料〟にすぎません。

自分に合ったスタイルは自分にしか作れないのです。

目標を立てる。

自分で考える。

試行錯誤を続ける。

失敗をうまくなるための材料に変える。

「ミス」をなくすコツは、自分の頭で考えて、実際に体を動かし、修正しながら自分のスタイルを確立することです。

以前、宮本慎也さんのYouTubeチャンネル「解体慎書」と三井ゴールデングラブのタイアップ企画で宮本慎也さん、小坂誠さん、石井琢朗さん、源田選手など守備の名手が一堂に会する機会がありました。実際にノックを受けながら守備談義に花を咲かせたのですが、ボールを捕るタイミング、体の動かし方などは個々で微妙に違いがありました。それぞれの方々が努力して身につけられたモノに一つとして同じものはありませんでした。

ミスをなくすための近道は、試行錯誤しながら自分のスタイルを確立することに他ならないのです。

第 6 章

ミスを成長につなげる教え方

◎——指導者こそ勉強が必要

現役選手としてプレーしていた頃、自分が指導者と呼ばれる日がやってくるなんて、想像すらしていませんでした。

コーチという職業に憧れはありませんでした。毎日苦行のように練習していた分、むしろユニホームを脱いだら、野球から距離を置くのではないかと予想していたぐらいです。

ですが今、ありがたい縁もあって、コーチという肩書も持たせてもらっています。二〇二二年三月から社会人チームのパナソニックでコーチを務め、二〇二三年二月、二〇二四年二月には阪神キャンプで臨時コーチも経験させてもらいました。

人を教える立場になり、私は再認識させられました。

やはり指導者は日々、勉強し続けなければなりません。

ただでさえ身の回りに情報があふれている時代です。情報をアップデートして指導に生かしていかなければ、すでにたっぷりと知識を得てしまっている選手たちはなかなか話を聞いてくれません。

現状、プロ野球の監督、コーチには明確な資格が存在しません。

もちろん教える力を見込まれて声をかけられるのでしょうが、人間関係のつながりや現役時代の知名度があれば、指導者になることが可能です。

一方、たとえばサッカーのＪリーグでは、指導者になるためにはライセンスが必要です。野球の指導者だって、勉強してライセンスを取得して初めて資格を満たす、という形を取り入れてもいいのではないでしょうか。

◎——教え方を選手から学ぶ

野球というスポーツは刻一刻と進化しています。

自分たちが現役選手としてプレーしていた二〇二一年までと現在とでは、たとえば投手が投げる変化球のトレンドにもすでに違いが出てきています。少しでもボーッとしていたら新しい時代についていけなくなるので、気をつけなければなりません。

そこで私は一番手っ取り早い方法として、まずは目の前にいる選手たちの考え方を素直に聞いてみるようにしています。独学で本や動画から指導法を学ぶと同時に、グラウンド上でも情報を収集していくわけです。

まずは選手たちの話を聞く。考え方を把握した上で、目標に向けたアプローチを一緒に考えていく。「頭ごなしに上から教える」というよりは「教え方を教えてもらっている」という感覚を持っています。

私は自分が一人きりで試行錯誤して練習してきたタイプなので、自分がやってきたことが必ず他人の正解にもなるとは考えていません。だからあくまで選手の意見をヒアリングした上で、各選手に対しての指導法を変えるようにしています。人それぞれ身体能力が違えば、体格や骨格も違います。プレースタイルによって理想像も違いますからね。

誰もが少なからず知識を持っている時代。選手と指導者が互いに情報を持ち寄ってレベルアップしていく。そんな形が一番効果的ではないかと考えています。

これはプロ野球界に限った話ではないでしょうが、指導者の中には「この形が正しい」と自分の成功体験をもとにアドバイスする人も多いと聞きます。ただ、私はそんな指導法には懐疑的です。

もし自分が現役時代に成功した打ち方を選手にそのまま教えても、その選手が自分より打てるようになる確率は極めて低いだろうと想像します。ただ単に真似をしているだけでは自分の形を作れないからです。

私が見てきた限り、投手野手に限らず、一流選手には確固たる自分の形、困ったら戻れるベースが存在します。このベースを作り上げるためには、他人の真似をするだけではなく、自分で考える作業も絶対に必要です。

だからこそ、選手は人のアドバイスを鵜呑みにしすぎず、あくまで〝参考資料〟として活用するべきだと考えます。

◎──命令ではなく提案

私の場合、理想像に向けて寸分違《すんぶんたが》わず直進している選手に、多くをアドバイスしたりはしません。うまくいっているのに邪魔をする必要はないからです。

一方で「少し足踏みしているな」「このままだとうまくいかない確率が高いな」と感じる選手に対しては、自分の引き出しの中から材料を伝えるようにしています。

「こうしなさい」と命令するのではなく、あくまで「こういう方法もあるよ」と提案するようなイメージですね。

すると、選手は自分に有益だと感じてくれれば、自然とアドバイスを取り入れてくれます。逆に有益ではないと感じれば、引き出しの奥底にしまってしまえばいいのです。

そもそも私は自分の成功体験を人に押しつけるのが好きではありません。

それは子育てでも同じです。

家庭では五人の子供がいますが、誰一人、野球部に入っていません。いろいろなスポーツの中から好きなモノを選んでくれたらいいと考えていたので、間違っても「野球をやれ」と押しつけたりはしませんでした。

子供たちには子供たちの人生があります。普通に考えれば、親の方が先に亡くなる可能性が高いのだから、自分たちの人生は自分で決断して切り拓いていってほしいのです。

もちろん、自分が挫折した夢を子供に託したい親御さんもいるでしょう。そんな気持ちを否定するつもりは一切ありません。ただ、私は子育てに関しては「子供の人生は子供のもの」という考え方です。選手を指導する際も「選手の野球人生は選手のもの」と考え、相手の思いや理想像をしっかり尊重するようにしています。

他人の人生を自分が背負ってあげられるのであれば、無理矢理にでも自分の考えを相手に押しつけるかもしれません。ただ、現実はそうはいきません。

相手に対して自分ができることは決して多くはありません。そういう考え方なので、相手を尊重する気持ちを忘れたくないのです。

◎――選手を呼び捨てにしない

「リスペクト」はどんな仕事を任せてもらった時も大切にしています。

たとえばテレビや新聞でプロ野球を解説、評論させてもらう際、私はできるだけ選手名を呼び捨てにはせず「～選手」と表現するように心掛けています。

解説者、評論家は選手がグラウンド上でプレーしてくれて初めて成り立つ仕事です。その上、選手には家族もいれば応援してくれるファンもいます。それなのに選手を呼び捨てにしたり上から目線で攻撃して、多くの人たちを不快にさせたり、傷つけてしまうことが耐えがたいのです。

「指導者」という立場も解説者、評論家と似たようなモノです。

「指導」は「指導される相手」が存在して初めて成り立つ仕事です。だから指導者は大前提として、現役選手をリスペクトする必要があるのではないでしょうか。

選手をリスペクトできていれば、たとえ相手がなかなか話を聞いてくれなくても、「あいつは話を聞かないヤツだ」と人のせいにせずに済みます。「もっと聞きたくなるような話題をそろえてみよう」と自分自身のレベルアップにつなげられるはずです。

野球の話をサッカーやバスケでたとえてみたらどうだろう。

ビジネスシーンに置き換えて喋《しゃべ》ってみたらどうだろう。

そんなふうに試行錯誤を続けて、会話の引き出しや知識を自然と増やしていけば、自分の得にもなる。そういう考え方を持っています。

もともと私には「自分は成功した」という感覚がそこまでありません。

プロ野球歴代二位の一九三九試合連続出場にしろ、通算二〇九九安打にしろ、一試合一試合、一年一年なんとか積み重ねていった結果、最終的に大きな数字になっていただけだからです。

一方で日々懸命に考えて練習に取り組む中、一つひとつのヒントから課題を解決していく経験も何度となくありました。

そんな現役生活を送ってきたので、誰かを指導する際も意見を押しつけるのではなく、ヒントやきっかけを与えたいと考えるのかもしれません。

◎――アドバイスを聞いてくれない選手には、理想像と実際のギャップを示す

さまざまな場所で指導していれば、中には自分のアドバイスに対して聞く耳すら持ってく

れない選手も出てきます。そんな時、「とにかくオレの言う通りにしろ」と押さえつけたところで、反発されて逆効果になるだけでしょう。

そういったシチュエーションに出くわした時、私の場合、「なぜこのままだと成功しないのか」を実際に練習してもらいながら解説していきます。

「このスイング軌道では絶対に打てるようにならないな」と感じる選手がいたとします。こんな時、まずは本人に「なぜこのスイングにしているのか」について理由と考え方を聞きます。その上で「バットが外回りしているよ」などと気になった点を伝えてみます。それでも興味を持ってもらえなければ、いざ実践です。

たとえばティー打撃で打つポイントを数パターン用意して、順番に打たせていきます。すると、そのスイング軌道では絶対にうまく打てないポイントが発生します。そこで「なぜ打てないのか」を自分で考えてもらって、あらためて改善点を提案するわけです。

なかなかアドバイスに聞く耳を持ってくれない選手の中には、自分で知識をかき集めてきた努力家たちも多くいます。そんな選手たちは今やっている練習の方向性が正しいと思っているから貫こうとするわけです。もともと向上心があるタイプなのですから、理想像と実際のギャップを肌で感じ取れれば、今度は前向きにヒントを探そうとしてくれるはずです。

◎——発見といろいろ試す喜びを与える

現代の選手たちは情報があふれかえっている中で、ドジャースの大谷翔平選手やパドレスのダルビッシュ有投手のような「完成形」を先に知ってしまっています。

彼らの完成形を盲信するうちに、自分で考える作業がおろそかになってしまっているケースもよく見受けられます。

そんな選手たちを振り向かせるためにも、教える側は常に知識をアップデートして、引き出しを増やしておく必要があります。

現役選手たちからすれば、現在の私は「過去の選手」にすぎません。

そんな立場で話を聞いてもらうのに、相手をリスペクトせずに頭ごなしに意見を伝えたところで、うまくいくはずがありません。

「この指導者は自分の話もきちんと聞いてくれる」

「この指導者は新しい発見をくれる」

そんなふうに思ってもらえて初めて、選手は真剣に話を聞いてくれるものです。

そのためにも指導者は知識や引き出しを増やして、喋り方や伝え方についても勉強し続ける必要があります。

自身もスキルアップを続けなければ、相手は簡単に振り向いてはくれません。

ここで誤解しないでほしいのですが、私は自分の提案を全面的に相手に受け入れてほしいわけではありません。練習法一つを取っても、人によって「合う」「合わない」がありま す。こちらは善《よ》かれと思ってアドバイスをするわけですが、それを「取り入れる」「取り入れない」については、選手が一人ひとりしっかり考え抜いて決めてほしいのです。

教えられたことを受け入れているだけでは、人はなかなか成長できません。

私は今でこそ教える側になりましたが、教えられる側にいた時は簡単に指導者の言葉を鵜呑みにしたりはしませんでした。

だからこそ、現役選手たちには自分で考える作業を決しておろそかにしないでほしいのです。

野球教室などで野球少年少女に指導する際、私は最初に「野球に正解はありません」と前置きします。「元プロ野球選手だから」という理由だけで、すべての言葉を信じてほしくはないからです。

プロ野球界にはシーズンで打率三割を記録したり、三〇本塁打を放つ強打者が何人もいますが、みんな同じ打ち方ではありません。

球速一六〇キロ前後の直球を投げる投手たち、名手と呼ばれる内野手たちを見ても、みんな違った投げ方、捕り方です。

全員に共通する正解などありません。

どれだけ人の正解を見聞きしたところで、最終的には自分で自分の正解を探し出すしかない――。

そんな不変の真理を決して忘れないでほしいのです。


バットの振り方を例に挙げれば、私は子供たちには「今もっとも強く振れる形を、野球をやめる日まで探し続けてください」と伝えます。

上からたたくダウンスイング。地面と平行に振るレベルスイング。下から振り上げるアッパースイング。大まかに分別すれば三つの形が存在しますが、「自分に合ったスイング軌道」も体格や体の動かし方によって人それぞれだったりするからです。

たとえば身長がまだ一三〇センチしかない子供に「上からバットを振りなさい」と伝えたところで、背が低いのだから、上から落ちてくるボールの軌道とスイングの軌道が合うわけがありません。地面と平行に、もしくは下からバットを出すしかありません。

一方で、その子供の身長が高校生になって一八五センチまで伸びれば、今度は上からたたいてみたり、下から振ってみたり、いろんなバリエーションを試すことができます。調子の良し悪しに応じて、スイングの軌道を微調整することも可能です。

同じ選手でも筋力や体格によってベストな形が変わっていくので、「絶対にこれが正解です」とは伝えたくないのです。

ゴロ捕球を教える際も、ゲーム性を持たせながら何パターンも練習してもらうことで、どうすれば捕りやすくなるのかを自分で考えてもらうようにしています。

まずは何も気にせずに捕球してもらう。次はショートバウンドで捕ってもらう。次は逆シングル。その次は逆シングルでショートバウンド捕球を試してもらう。そんなふうにさまざまなバリエーションを知ることで、「じゃあ、こっちの打球にはどういう捕り方をするべきなのか」と自分で試行錯誤できるようになってほしいのです。

◎——「完コピ」は非常に危険

野球はミスをするスポーツです。

打者はどれだけ優秀なスラッガーでも約七割は打ち損じます。投手も四死球を含めれば三

〜四割は打者に出塁を許します。もっとも成功率が高い守備にしたって、一年間エラーゼロでシーズンを終えられる内野手はほぼいません。記録に表れないモノも含めれば、数え切れないほどのミスを犯してしまいます。

この打ち方であれば絶対に打てる。

この投げ方ならば絶対に抑えられる。

この捕り方だったら絶対にエラーしない。

そんな全員に当てはまる正解がないのが野球というスポーツです。

だから現役選手には自分で考え、試行錯誤する作業を大切にしてほしいのです。

私は最近、現役選手たちの一部に見られる一つの傾向が気がかりでなりません。

大谷翔平選手やダルビッシュ有投手といった超一流プレーヤーの完成形だけをコピーしようとして、その過程にどれだけの試行錯誤があったのか、気づけていない選手があまりに多いのです。

指導の最中、若手選手と話をするようになって分かりました。彼らの大半には「自分はこうなりたい」という理想像、自分が信じる教科書が存在します。そうなると、教える側は彼らの現状を「間違っている」と頭ごなしに否定するわけにはいきません。選手たちの思いを尊重して、「どうすれば理想像に近づけるか」をテーマに指導を続けなければなりません。もちろん、理想像を追い求める向上心は素晴らしいものです。ただ、やみくもに最短距離で理想を実現しようとしすぎて、自分の現状を把握して考える作業が抜け落ちているケースも、少なからず見受けられるのです。

誰かの完成形の「完コピ」は非常に危険です。

私は先にも述べた通り、学生時代に指導者から技術を教わるという経験をほとんどしてきませんでした。

中学生の時に右打ちから左打ちに転向したのですが、この期間も成長痛などで体の状態が良くなかったこともあり、みっちり指導を受けたわけではありません。

聖望学園高校も細かな技術を手取り足取り教えられるチームではありませんでした。早大でも当時の野村徹《とおる》監督は「社会に出ても通用する精神力」を大事にされる方で、技術指導はそこまで多くなかった記憶があります。

そんな環境で野球を続けてきたので「自分で考えて試して」という作業をずっと繰り返してきました。

守備に関して大リーグのスーパープレー集などの研究を続けた時も、そのまま名手たちの真似をしたわけではありません。体の使い方などからヒントをもらおうとしただけで、彼らのプレーはあくまで〝参考資料〟と考え、自分に合う形を探し続けました。

もちろん、プロ野球の世界には幼少期から細かい技術指導を受けて、確固たる自分のスタイルを作り上げていった方々も数え切れないほど多くいます。どちらが良い悪いという話ではありません。私の場合は自分で考えて試して成功をつかむ、というやり方が性格に合っていただけかもしれません。

ただ、現代のプレーヤーの多くは超一流選手の完成形を先に知りすぎてしまうことで、「自分で考える」という感覚が少し薄れてしまっているようにも感じています。

私が若かった頃は今と比べてデータや動画の量も少なかったので、本当に自分で試行錯誤を繰り返す他にうまくなる方法がありませんでした。数少ないデータや動画を自分なりに解釈して、試合で成功するためにつなげていく。材料を集めて、正解を探していくという作業を続けていました。

それが、今では小中学生でも技術練習する上で材料に事欠きません。気になった情報はインターネット上などで簡単に手に入れられる時代。YouTube 動画などでも簡単にお手本を見られるので、誰かの真似をしようと思えば、いくらでもできてしまいます。

ですが、大成功した選手の練習法や考え方、フォームを見聞きして、「この人と同じことをすればいいんだ」と安直な発想に至ってしまう流れは決して肯定できません。

◎──大谷翔平選手のスイングを真似していいのか

たとえば大谷翔平選手のノーステップ打法です。

パナソニックのコーチに就任してから気づいたのですが、今はアマチュア野球界にノーステップ打法を取り入れている選手が多くいます。おそらく「あの大谷選手がやっているフォームなのだから正しいはずだ」という考えが根底にあるのでしょう。

ただ、皆さんはご存じでしょうか？

ノーステップ打法はとても難易度の高いフォームなのです。

想像してみてください。

まだ体が小さな子供にバットを持たせて、「振ってごらん」と言ってみます。そこで足を上げずに振ろうとする子供は多くないと思います。ほとんどの子供が一生懸命足を上げて、思いきり振ろうとするはずです。

大人でも野球経験がない方であれば、ノーステップでバットを振ることは簡単ではないはずです。単純に重いモノを振り回そうとした時、反動をつけようとするのは自然な流れです。まずはその形で振れるようになってから、体が強くなるにつれて、無駄な動きを小さくしていく作業に入るわけです。

それなのに、今は完成形の情報ばかりが世の中にあふれているから、最初から最短距離で完成形まで走ろうとする選手が増えてしまっているのです。

大谷選手にしても、初期段階の頃は右足を上げていました。そこから小さな動きでもパワーを伝えられる体を長時間かけて作り上げ、徐々に無駄な動きを省いた末に、現在のノーステップ打法にたどり着いています。

この過程を省いて、バットを振る体の使い方の原理を知らないままノーステップ打法に挑戦しても、力を発揮できないまま挫折してしまうケースが増えてしまいます。

社会人チームの選手でもノーステップ打法を取り入れて、まったく体をうまく使えていない選手は少なくありません。大谷選手のように小さな動きで強振できるだけの肉体をまだ持ち合わせていないのだから、ある意味、それも仕方がありません。

最短距離で完成形だけを追い求めると、このような失敗に陥る可能性があるのです。

大谷選手がノーステップ打法を取り入れた理由はいくつかあるはずです。

メジャーではボールを小さく動かしてくる投手が日本よりも多く、ギリギリまでボールを引きつけて打たなければ、なかなか確率を上げられません。だから無駄な動きをできる限り省く必要があります。

一方で、メジャーにはフォームにタイミングを計る「間」がない投手も多いので、それに合わせる形でタイミングを取らずにスイングする打者も増えるわけです。そんな背景を知らないまま、いきなり大谷選手の完成形の真似をしてもうまくいくはずがありません。

今、アマチュア球界では「タイミングを取れない打者」が非常に増えています。

おそらく大谷選手のようなノーステップ打法の真似を一生懸命続けているうちに、タイミングを取れなくなっていったのでしょう。足を上げる。足を下ろす。上半身を捻《ひね》る。そんな一連の流れができない選手が本当に多くなっているのです。

では、どうすればタイミングを取れるようになるのでしょうか？

個人的には次の形が一番分かりやすいかと思います。投手が足を上げたら自分も足を上げる。投手の足が着地したら自分の足も着地させる。まずはこの方法を試してみるのも有りだと思います。

これも誤解のないように補足しておきますが、私は決してノーステップ打法が間違っていると言いたいわけではありません。ただ、どんな一流選手も完成形にたどり着くまでには過程があり、この過程を省いて最短距離を走ろうとするのは危険だと伝えたいだけです。

◎——ダルビッシュ有投手の「走り込み不要論」も背景を知るべき

日米通算二〇〇勝を達成したダルビッシュ投手のトレーニング理論についても、ダルビッシュ投手が研究し尽くした末の膨大な知識の一部だけを切り取って、何も考えずに真似をするのはリスクがあるのではないでしょうか。

たとえば「野球に走り込みは必要がない」といった理論が一人歩きすることがありますが、ダルビッシュ投手は決して「走り込みはゼロでいい」と言っているわけではないと思います。

いわゆる罰走など「何かあったら走っとけ」という昔の風潮を否定しているだけで、きっと理論立てて組まれたメニューの一つとしてのランニングメニューに関しては必要な部分もあると考えているはずです。

それなのに小中学生が「ダルビッシュさんが言っていたから僕も走らない」と安易に考えてしまうのであれば、それは心配です。

ダルビッシュ投手だって、おそらく幼少期から中学、高校時代にかけて相当な量の走り込みを経験しているはずです。そんな過程があって、最終的にさらに効果的なトレーニングを探し出したのだと想像します。

つまり、ダルビッシュ投手にも走り込んだベースがあってゴール地点がある、ということです。このベースを知ることなく、最終着地点となったトレーニング方法だけに目を向けてしまうのは非常に危険だと感じます。ベースがないと、何かで失敗した時に戻れる場所がなくなってしまうからです。

大谷選手やダルビッシュ投手たちの理論を学ぼうとする意欲は素晴らしいものです。ですが、超一流プレーヤーの正解が自分に合うかどうか、考え見極める作業を怠っている選手も少なくないと感じます。自分で考える努力を省いて他人の正解だけを真似するだけでは、長く活躍し続けるのはなかなか難しくなります。

試行錯誤して自分の形を作り上げる過程がなければ、調子が悪くなった時に開けられる引き出しが少なくなるからです。

世の中にあふれている教材をあくまで参考にして自分で試行錯誤できる選手と、自分で考える作業をスルーして完成形だけを真似ようとする選手。どちらの成功確率が高くなるか、わざわざ説明するまでもありませんね。

だから私はプレーする上での技術一つひとつに関しても、現役選手たちには後悔がないぐらい突き詰めてみてほしいのです。

この常識は本当に正しいのか。

もっとうまくなれる方法があるのではないか。そうやって自問自答を繰り返しているうちに、自分の形ができあがっていくからです。


これまで何度も書いてきましたが、私は学生時代、具体的に細かく技術指導を受けた記憶がほとんどありません。

たとえば「捕球する時に足を使え」と言われても、「どうすれば足を使えるようになるか」を教えてもらうことはありませんでした。だから自分で考えて試行錯誤するしか、うまくなる方法を知りませんでした。

今振り返れば、それは立場や環境も影響していたのかもしれません。

私はありがたいことに、学生時代からずっと試合に出続けてきました。

聖望学園高校時代はケガをしている期間を除けば基本は試合に出ていました。早大でも一年春のリーグ戦から起用してもらい、阪神では一年目から一軍でプレーしていました。

なので、Bチームや二軍でコーチと二人三脚で一から作り上げる、という経験をしてこなかったのです。

結果を求められない環境でじっくり技術を磨いていくというよりは、ゲームに出場しながら対応していくしかない環境。試合でミスをしたり課題が見つかれば、翌日の練習で失敗した要因を潰していく。そんな毎日を過ごしていたのだから、誰かにみっちり技術指導を受けている時間がなかったのも仕方がありません。

もちろん無駄に終わった練習も数え切れないほどありました。正直にいえば、あまり効率的な方法ではなかったかもしれません。ただ、常に自分で考えざるを得なかった分、誰もやってこなかった練習や方法を取り入れられたのも事実です。

◎――プロ野球界初の指サック

たとえば指を守るサポーター「指サック」は、プロ野球界では私が初めて使用したのではないかと思います。

今ではＤｅＮＡの京田陽太選手なども使用していると聞きますが、私が初めて装着した二〇一九年春はまだ誰も使っていなかった記憶があります。

当時、私は左手に装着する守備用手袋とグラブのマッチングがしっくりこなくて、悩んでいました。手袋なしでグラブをはめれば違和感は消えるけれど、一本だけ飛び出している人さし指を負傷する危険もある。何かいい方法はないかと二月の沖縄キャンプ中にあれこれ考えていた時、宜野湾市内のスポーツ量販店で指サックを発見して、「これだ！」とひらめいたのです。

確か目にした商品はバスケットボール界で伝説となった名プレーヤー、マイケル・ジョーダン選手のモデル。これを付ければ手袋なしでも人さし指を守れる。そう考えて、アドバイザリー契約を結んでいる久保田運動具店にお願いして、オリジナルの指サックを作ってもらいました。

私はそんなふうに、前例にとらわれず常にベストな方法や練習を模索するタイプでした。そもそも付きっきりで密着指導を受けたりする経験がなく、自分で考えるしかなかったからです。

一方で、もし仮に細かくアドバイスしてくれる指導者に出会っていたとしても、教えてもらった内容を鵜呑みにすることはなく、あくまで〝参考資料〟として活用させてもらったと思います。

グラブにしても、考え方は同じです。

私は早大二年時から現役引退するまでの約二十年間、久保田運動具店のブランド「スラッガー」というグラブを使い続けました。

元巨人でヤクルト、西武で監督も歴任した大学の大先輩、広岡達朗さんから直々に譲り受けたのがきっかけでしたが、決して人に言われるがまま使い続けたわけではありません。最初になぜスラッガーのグラブを気に入ったかというと、型付けまでの期間が他メーカーのグラブより圧倒的に短かったからです。

当時は型付けに半年から一年間かかるケースも珍しくなかったのですが、スラッガーは三、四カ月で仕上がってくる。しかもフィット感というか、グラブの土手に当たった時の吸収の良さがあったので、使い始めたのです。

私のグラブはおそらく他の遊撃手のモノよりも小さめでした。当然、大きめの方がダイビングキャッチを試みる際も先っぽで止められる可能性が増えます。ただ、私は手で捕るような感覚を大事にしていて、捕球してから右手にボールを持ち替えるスピードを一瞬でも速くしたいという狙いもあって、小さめのサイズを好みました。

結局、グラブに関しても自分でベストな相棒を探し出したわけです。

打撃フォームに捕球の仕方、練習方法に用具選択……。

私はいつだって人に頼らず自問自答を繰り返してきたから今、技術面などで細かい質問を受けた時に言葉で説明できるのかもしれません。

◎——捕球時の「腰高」はダメなのか

最近、野球少年の子供を持つ父親から「捕球する際の重心の位置」について質問を受けました。よく「腰を落として捕れ」という内容の指導を受けるけれど、それは本当に正しいのか、という内容でした。

そこで私自身の見解を紹介させてもらいました。

私の理論では、捕球時の重心の位置は手足の長さによって変わるものです。極端な話、手足が長くて立っていても地面に手がつく選手であれば、立ったまま捕球しても問題ないと考えています。

一般的な感覚として、強く速いゴロが転がってきた時、上からグラブを出すと打球に合わせづらくなります。グラブは基本的に下から出さなければならない。そう考えた時、グラブを地面につけられる体勢の重心の位置はどこにあるのか、という理屈です。

たとえば外国人選手で腰高のまま捕球しているように見える選手は、手足が長いから問題ないわけです。巨人の坂本勇人選手も手足が長く、腰高でも大丈夫な選手の一人だと思います。

一方、手足が短い場合は重心を低くしないと、そもそもグラブを地面につけることができません。骨格や手足の長さによって、捕球時の重心のベストポジションを考えればいいだけの話です。

ゴロ打球に対するグラブの置き位置についてもたまに質問を受けるので、ここで答えさせてもらいましょうか。

選手は指導者からよく「正面で捕れ」と指導されますが、たとえば三遊間の選手が飛んできた方向に正面を向いて捕りにいく時、どの位置にグラブがあれば送球に移りやすいと思いますか？

三塁守備をイメージすれば分かりやすいかなと思います。

内野手はゴロを捕球した後、必ず送球方向の一塁に体を移動させます。その際、体の中心もしくは右側にグラブを置いてしまうと、体が送球側に移動するうちにグラブが置き去りになってしまいます。そう考えれば、体の左側で捕球した方が送球方向に移動しながら投げやすい、という事実に気づくわけです。

遊撃守備にしても、ただやみくもに打球方向に突っ込んでいくと、送球する際に体の向きを捕手方向から一塁方向に変換させなければなりません。一方、一塁側に体の力を向かせながら捕球すれば、投げ終わるまでの労力を減らすことができます。

そういう理論をきちんと把握できるようになれば、練習の質はますます上がっていくのではないでしょうか。

◎──打球は最後まで見続けないといけないのか

右利きの内野手の場合、「左足を前にして捕る」という指導もよく聞きます。

この教えはもちろん基本は正解なのですが、「なぜ正解なのか」を知っておいても損はありません。

極端な話、止まった状態で捕球しようが、強く投げられれば構いません。ただ、その形で「一〇回しっかり投げてみろ」と言われた時、八回しかうまくプレーできないのであれば、九回うまくできるやり方を選んだ方がいい、ということです。

単純に体の使い方を考えた時、右足を前にして捕球したら、次は送球動作に移る前にいったん左足を踏み出さないといけません。捕球してから再び左足を送球方向に踏み出して投げるまでに左↓右↓左と三歩必要になってしまいます。

一方、左足を前にして捕球すれば、再び左足を踏み出して投げるまでに右↓左と二歩で済みます。その方が速いし投げやすいから「左足を前にして捕れ」となるわけです。

捕球した後はグラブの位置に右足を持っていって、送球方向に体の力を向けるだけです。

もちろん、途中で打球のバウンドが変わったり、体を引いて捕らなければならなくなった場合は、ステップのタイミングが逆になるケースもあるでしょう。ただ、ベースとしては捕ってから右足、左足とステップして投げる形がスムーズだ、という理論です。


ちなみに野球経験者の方々はゴロを捕球する際、どのタイミングまでボールを見続けていましたか？

ちまたでは今でも「捕るまでしっかりボールを見続けよう」と指導されている野球少年少女が少なくないそうです。ただ、私は現役時代から捕る瞬間までボールを見続ける必要はないと考えていました。グラブにボールが入る瞬間は「広い視野の中にボールがある」ぐらいの感覚でプレーを続けてきました。

人は一点に集中した時、どうしても顔をその一点に近づけてしまうものです。

捕球する瞬間までボールだけを見続けていると、どうしても顔がボールに近づいて背中を丸めてしまうので、投げる時にもう一度体を起き上がらせる動作が追加されます。そうすると、送球の精度が落ちてしまいます。

それに必要以上にボールを見続けてしまうと、「跳ねるんじゃないか」とか「沈むんじゃないか」といった恐怖心も出てきます。

そう考えていたので「ここでバウンドしたら、ここら辺で捕れるな」とポイントさえ捉えられたら、あとは足を運んで捕りにいくだけというイメージでプレーしていました。

◎——送球時にトップを作る必要はない

せっかくの機会なので、今度は送球面でよく聞かれる質問にも触れておきましょう。阪神の岡田彰布監督が以前、早大時代の私をスカウトの一人として見に行った時に、一度も送球ミスをしなかった、という話をされていたそうです。

本当に一度も送球ミスをしなかったのかどうか記憶は定かではありません。ですが、学生時代から送球に対して不安を抱えていなかったのは事実です。

「捕る」と「投げる」を別々の動きにせず、「投げるために捕る」という一連の動作を学生時代から自然と意識できていたからかもしれません。

とはいえ、ただ単に得意だったからプロ野球界でも自信を持ってプレーできたのかと問われれば、もちろん「いいえ」と答えます。送球に関しても、一つひとつの動作を分析して練習してこなければ、どこかのタイミングで壁にぶち当たっていたと想像します。自分で考えて試行錯誤してきたおかげで今、送球に関しても自分の言葉で説明できるのだと思います。

ということで、以前に質問されたテーマについて話をします。

周りの方々に聞けば、今でも子供たちは送球練習をする際に「トップを作れ」と指導されるケースがあるそうです。「トップ」とは投げる際に腕を振り下ろす直前の一番高い位置をイメージしてもらえば分かりやすいと思います。

ただ、個人的にはトップをわざわざ作る必要はないと考えます。打球を捕って腕を振り上げながら送球方向に進めば、手は自然とトップの位置に落ち着くからです。

トップは作るものではなく、勝手にできあがるものです。

それなのに「トップを作って投げろ」と必要以上に意識させるから、子供たちは訳が分からなくなってしまうのだと思います。

腕を上げながら送球方向に進めば、腕が後方に置いていかれて勝手に胸が張り、いわゆる「割れ」ができます。この張った胸を戻す動作の際にボールは強く投げられます。

逆に「先にトップを作ろう」とばかり考えすぎると、送球方向に進む体に腕もついてきてしまい、胸を張れない状態で投げざるを得なくなります。すると、手首のスナップも使えなくなってしまうので注意が必要です。

「トップを作れ」ではなく「どうすればトップを作れるか」を分かりやすく伝えてあげれば、子供たちもパニックに陥らずに済むのではないでしょうか。

◎——他人の正解はあくまで〝参考資料〟

「トップ」の話になったので、最後に打撃面にも目を向けてみたいと思います。自分にも経験がありますが、打撃フォームについて指導される際にも「トップを作れ」という言葉は飛んできます。

ここで大事なポイントは、メカニズムをしっかり把握しておくということです。

バッティングは手や足の力が互いに逆方向を向くことで、ボールをとらえる際、体の中心付近に来るバットに力を伝える動作といえます。

右足が前に出ていくところを左足が抑える。足が前に出ていくところを体全体で抑える。さらにいえば、手も雑巾を絞る時のように右手と左手が逆方向に絞りにいくから、真ん中にあるバットに力が伝わるわけです。

このようなメカニズムをかみ砕いて言葉で伝えられれば、「トップを作れ」と抽象的な表現を使わずに済むはずです。

守備に関しても、体の使い方の原理を知っておくことは非常に重要です。うまい選手の捕り方を簡単に真似するのではなく、「どうしてそういう捕り方、投げ方に行き着いたのか」という過程もしっかり把握しておく必要があります。

現在のプロ野球界でもっとも守備力が高いと言われる西武・源田壮亮選手のプレーにしても、何も考えずに簡単に真似をするのは避けてほしいものです。

源田選手は本当に上手で、動きもスムーズな遊撃手です。

捕球時に少し腰高になる特徴があるのですが、この捕り方にしても完成するまでには試行錯誤があったはずです。

過去には「もっと低い姿勢で捕れ」と指導されたことも間違いなくあったと思います。いろんな捕り方を試した上で、最後に自分に適した腰の高さが見つかったのだと想像します。

ただ、この形はあくまで身長が一七九センチの源田選手に適した捕り方であって、じゃあ一七〇センチの選手も同じ腰の高さでいいのかといえば、答えはＮＯとなる可能性が高いでしょう。

選手は一人ひとり、手足が長い人もいれば短い人もいます。背の高さが違えば、骨格や骨盤の向きも違います。足首が硬いか柔らかいかでも動きは変わってきます。それなのに、自分に合った形を知らないまま人の正解の真似ばかりをしていると、うまくいかなくなった時に戻る場所がなくなってしまいます。

他人の正解はあくまで〝参考資料〟にすぎません。

誰かの真似をするだけでなく、自分に適した体の使い方や感覚を知る作業を忘れてはならないのです。

PHP新書

PHP INTERFACE
https://www.php.co.jp/

鳥谷 敬[とりたに・たかし]

1981年6月26日生まれ。東京都出身。聖望学園高校、早稲田大学野球部を経て、2003年ドラフト自由枠で阪神タイガースに入団。2019年までの16年間プレーし、NPB歴代2位の1939試合連続出場、13シーズン連続全試合出場、遊撃手として歴代最長の667試合連続フルイニング出場記録を樹立。ゴールデン・グラブ賞5回(遊撃手4回、三塁手1回)、ベストナイン6回を受賞。史上50人目の公式戦2000本安打および、史上15人目の1000四球を達成。2020年に千葉ロッテマリーンズに移籍、2021年シーズンをもって引退。引退後は、野球解説や、社会人野球部の指導を行うなど活動の幅を広げている。

ミスをしない選手
(PHP新書 1409)

二〇二四年九月二十七日 第一版第一刷

著者――鳥谷 敬
発行者――永田貴之
発行所――株式会社PHP研究所
東京本部――〒135-8137 江東区豊洲5-6-52
ビジネス・教養出版部 ☎03-3520-9615(編集)
普及部 ☎03-3520-9630(販売)
京都本部――〒601-8411 京都市南区西九条北ノ内町11
組版――株式会社PHPエディターズ・グループ
装幀者――芦澤泰偉+明石すみれ
印刷所
製本所――TOPPANクロレ株式会社

ISBN978-4-569-85774-9

ＰＨＰ新書刊行にあたって

「繁栄を通じて平和と幸福を」（PEACE and HAPPINESS through PROSPERITY）の願いのもと、ＰＨＰ研究所が創設されて今年で五十周年を迎えます。その歩みは、日本人が先の戦争を乗り越え、並々ならぬ努力を続けて、今日の繁栄を築き上げてきた軌跡に重なります。

しかし、平和で豊かな生活を手にした現在、多くの日本人は、自分が何のために生きているのか、どのように生きていきたいのかを、見失いつつあるように思われます。そして、その間にも、日本国内や世界のみならず地球規模での大きな変化が日々生起し、解決すべき問題となって私たちのもとに押し寄せてきます。

このような時代に人生の確かな価値を見出し、生きる喜びに満ちあふれた社会を実現するために、いま何が求められているのでしょうか。それは、先達が培ってきた知恵を紡ぎ直すこと、その上で自分たち一人一人がおかれた現実と進むべき未来について丹念に考えていくこと以外にはありません。

その営みは、単なる知識に終わらない深い思索へ、そしてよく生きるための哲学への旅でもあります。弊所が創設五十周年を迎えましたのを機に、ＰＨＰ新書を創刊し、この新たな旅を読者と共に歩んでいきたいと思っています。多くの読者の共感と支援を心よりお願いいたします。

一九九六年十月

ＰＨＰ研究所